浦市龙舟赛

谭必友 等著

学苑出版社

图书在版编目（CIP）数据

浦市龙舟赛 / 谭必友等著. — 北京：学苑出版社，2016.4

ISBN 978-7-5077-4997-7

Ⅰ. ①浦… Ⅱ. ①谭… Ⅲ. ①龙舟竞赛-介绍-泸溪县 Ⅳ. ① G852.9

中国版本图书馆 CIP 数据核字 (2016) 第 074008 号

出 版 人：孟　白
责任编辑：洪文雄
装帧设计：余　云
出版发行：学苑出版社
社　　址：北京市丰台区南方庄 2 号院 1 号楼
邮政编码：100079
网　　址：www.book001.com
电子信箱：xueyuanpress@163.com
联系电话：010-67601101（销售部）　67603091（总编室）
经　　销：新华书店
印　刷　厂：北京赛文印刷有限公司
开本尺寸：710×1000　1/16
印　　张：8.5
字　　数：90 千字
版　　次：2016 年 4 月北京第 1 版
印　　次：2016 年 4 月第 1 次印刷
定　　价：48.00 元

《浦市文化丛书》编委会

顾　问：凌　宇　　黎大志
主　编：谭必友　　洪文雄
副主编：谭忠国　　章明非　　张卫民　　谭卫华
编　委：(按姓氏笔画排序)

　　　　田　燕　　刘　云　　李　彦　　陆　群　　陈　剑
　　　　周　鼎　　明跃玲　　姚本奎　　姚传山　　姚传笑
　　　　胡国梁　　隆金华　　黄青松　　覃仁岗

《浦市龙舟赛》课题成员

　　　　谭必友　　洪文雄　　谭忠国　　刘　放　　张学琦
　　　　何　强　　李嘉豪　　李博贤　　梁梦娇　　侯孝进

《浦市文化丛书》总序

浦市是一座充满传奇的古城。在中国二十四史中，有关她的记载，间接与直接加起来总共只有百几十个字，主要集中在《宋史》与《元史》中。但浦市在沅水流域、在中国西南地区、乃至在中国历史上，都具有不可忽视的地位。

尽管从宋朝以后，这里就是非常重要的地方，宋代成为湘西军事要塞、明朝成为西南第一商业重镇，但是直到清朝嘉庆年之前，很少有人对这座城市的价值与意义加以全面的论述。1795年，湘黔边苗民起义来势汹涌，浦市两度被苗民义军攻入，从浦市抢来的物资为苗民义军提供了强大的后勤保障。为了保卫浦市、也是为了保住整个战场的稳定，当时湖广总督毕沅与湖南巡抚姜晟派他们的幕僚严如熤来到浦市，协助辰州通判周士拔，重建浦市城。后来被道光皇帝御封天下第一疆吏才的严如熤来到浦市之后，对浦市的经济进行了实地调查，认为这里是中国东南第一大都市，经济实力足以保卫辰州府、甚至湖广的安全。严如熤第一个以浦市为研究对象，撰写了完整的著作。有关浦市的详细历史知识（而非民间传说与家乘）、以及这座城市的经济军事地位也就是从这个时候才清晰起来。

严如熤的研究给我们打开了一扇认识浦市的新大门。浦市不仅仅是兵家必争之地,而且是国内一流的商业城市。至乾隆末年,年商品经营额已经达到 800 万两银子。在农业时代,浦市的商业经济实力及其辐射能力,已经远远到达当时的长江沿岸。严如熤也才有机会在这座城市实验具有现代税收特点的厘金制度。浦市因第一次在商品中实行标准的(3‰)货币税率抽税,从而成为中国现代税收制度的诞生地!

经济上的繁华,必然引发文化的勃兴。且不说当时的文人骚客应时而聚于此,就是各种民间艺术都应运而生。木雕、石雕、砖雕等手工技艺独步沅水流域。辰河高腔等舞台艺术也唱响各地城镇与山村。繁华的市场也引发农业种植的专业化发展。农业技术成为沅水上游山区的典范。柑橘与蔬菜的种植,都有了很高的技艺。浦市成为大湘西文化发展的引领者。

可是由于传统的文化观念,这个城市不仅仅是被古代文人们忽略了,也被现代知识分子忽略了。在现代的学术视野中,特别是从民国以来兴起的"湘西"话语体系中,我们很少见到有关浦市的写作。人们好不容易从沈从文的一个短短散文中见到"浦市"两个字时,好像找到了稀世珍宝一样。这里不是没有文化,而是很多学者被外界社会贴给湘西的文化标签所局限,不知道这里还有与巫蛊鬼神傩、甚至政治、革命、文学等不一样的辉煌文化。因此,泸溪县政府联合泸溪文化前辈们将浦市申报为国家级历史文化名镇之后的很长时间内,加入浦市文化研究的学人比较少。这与浦市的国家级历史文化名镇身份极不相符,也与浦市曾经创造的灿烂文化不相符。如何通过浦市的文化研究,引导学者们充分地挖掘浦市的文化资源,整理保护和传承浦市文化,使浦市传统文化

浦市龙舟赛

资源真正地服务于浦市经济、社会发展,给浦市人留下一份看得见浦市山水的乡愁,让世人换一个眼光看湘西,就成为一个十分迫切的课题。

2014年11月,我们的学术思考,被泸溪县副县长尚远道先生知晓,进而得到了泸溪县政府领导班子的肯定和大力支持。尚远道先生此时正在主抓浦市文化旅游开发,双方工作不一样,目的一样:都是挖掘浦市文化资源,推出浦市文化。从此,湖南师范大学与泸溪县政府有了频繁互动。2015年7月,基于前期的友好合作,双方签订了文化研究合作协议,联合成立湖南师范大学浦市文化研究中心。中心以湖南师范大学民族学与人类学研究中心为依托,由泸溪县及全国多个高校、科研机构对浦市文化感兴趣的专家学者组成。中心第一项工作就是在县政府领导的支持下,组织专家学者深入浦市,开展文化田野工作。通过田野的方式,结合多种文献,力图展现浦市文化的全貌。《浦市文化丛书》是中心成立以来第一项科研成果。这套丛书拟出版10余本,内容涉及浦市文化的多个方面。

浦市文化博大精深、具有强大的包容性、流动性与创新性,需要学界同仁从多个角度多个方面加以探查发掘和研究阐述。这套图书在浦市文化研究中,只是起到探路的作用,离全面揭示浦市文化的真面目也许还有很遥远的距离,如果能够为游客提供一个认识浦市文化的窗口,或引来更多学者关注和加入浦市文化的研究队伍,就达到了我们编写本套图书的目的。

《浦市文化丛书》编委会

2016年3月23日

目　录

一、概述 /1
　　（一）浦市龙舟赛的人文环境 /1
　　（二）浦市龙舟赛独特的自然环境 /12

二、龙舟队 /21
　　（一）传统龙舟队的分队方法及其组成 /21
　　（二）新兴龙舟队 /22
　　（三）历史上参与竞渡的客队 /23
　　（四）传统龙舟的形制与制造 /23

三、龙舟队员的构成、选拔与训练 /33
　　（一）龙舟队员的构成与分工 /33
　　（二）龙舟队员选拔 /41
　　（三）头人与后勤 /44
　　（四）队员训练 /46

四、祭祀仪式 /51

  （一）白旗祭祀仪式 /51
  （二）红旗龙舟的祭祀仪式 /64
  （三）黄旗队与黑旗队的祭祀仪式 /73

五、挑战极限的竞渡 /75

  （一）展示性表演：为亲人表演、为节日表演 /75
  （二）挑战极限之一：激流横渡 /76
  （三）挑战极限之二：激流竞渡 /81
  （四）小结 /88

六、龙舟赛文化 /89

  （一）龙船队旗 /89
  （二）龙船旗色及其来历 /90
  （三）赢船与输船 /97
  （四）传说与禁忌 /99
  （五）龙舟节送红 /104
  （六）龙舟哲学 /106

七、文化贡献：泳装的发明、人体审美 /109

  （一）泳装的发明 /109
  （二）人体审美 /116
  （三）女性身体想象 /117

后　记 /119

一、概述

民族传统体育与竞技项目，大多依存于一方水土的自然环境，有其产生的时代与文化背景，是一定的自然环境和文化背景演绎出具有自身特色的运动。浦市龙舟赛就是一项有着特殊的自然环境和文化背景的民族传统体育和竞技项目。笔者试图用最简单的文字，对浦市数千年的历史文化和独特的自然环境做一简单的概括，以呈现浦市的文化个性，助人了解浦市龙舟赛独特的文化魅力。

（一）浦市龙舟赛的人文环境

1. 浦市镇

浦市镇是湖南省湘西土家族苗族自治州泸溪县下辖的一个建制镇，而浦市古镇则是镇政府驻地，是全镇的经济、文化与政治中心。浦市镇现有户籍人口62148人，下辖22个行政村与4个街道社区。全镇面积238.68平方千米。是泸溪县人口最多的一个镇。浦市古镇位于湖南省泸溪县境东南部，沅水中游的西岸，东南两面与怀化市辰溪县接壤，西接达岚镇，北与泸溪县城武溪

浦市古镇全图

镇白沙新区约21千米。

浦市镇历史文化悠久，由于水路交通发达，历史上浦市商贸、文化就极其繁荣，是湘西四大古镇(浦市、王村、里耶、茶峒)之一，中国历史文化名镇。自明清时期至民国年间，在这不到两平方千米的古镇里，修建了三条商贸古街、六座古戏楼、十三省会馆、二十多座货运码头、四十五条巷弄、五十多家封火墙窨字屋、七十二座寺庙道观、九十多个作坊。目前保存最完整的还有吉家院子、周家院子、李家祠堂等二十多座。

2. 浦市文化圈

明清时期浦市因盛产生铁、木材、朱砂、桐油而闻名于世，湘西南部所

一、概述

需的各种商品都是从沿海沿沅水送到浦市，再从浦市分散到各地的，同时湘西各地的农产品也是从浦市经沅水运送到沿海的，因而自古便有"万物集散，商贾云集"之誉，故有"小南京"之美称。

浦市古镇不仅仅是一个城镇，由于其长达数百年的商业中心地位，因而形成了一个商业文化圈。人们提起浦市古镇，常常是指的这个文化圈。浦市文化圈是指明清时期，浦市一带村庄围绕浦市城市的商业活动而形成的分工精细、

浦市古镇在湘西州的位置示意图

结构合理的市场体系。这个市场体系超越行政区域，形成了共同的文化心理认同。其大致范围，沿河下游到辰溪县船溪乡，上游达辰溪县城附近，西至泸溪县兴隆场镇，东到辰溪孝坪镇。此范围内的人们，在历史上围绕浦市的市场体系，将自己与浦市联系在一起，成为这个市场的一个有机组成部分。比如：

北边的铁柱潭村一带百姓，长期以烧石灰为主业，石灰主要供应浦市市场，同时也供应沅陵县城（古代为辰州府城）。

浦市河中当江洲村，洲上居民自古以来就是种蔬菜，为浦市供应蔬菜。

南边的张家溜村主要是造纸，为浦市提供传统的包装纸。

西南边的马王溪村，主要是生产陶器，为浦市提供陶器。

浦市文化圈示意图

  西南边的新堡村，祖传菩萨雕塑艺术，为浦市周围提供雕菩萨服务。新堡村还是浦市火砖生产基地，祖传火砖烧制技艺。

  西边的踏虎一带生产剪纸，剪纸产品以浦市市场为主，同时远销苗疆。

  在浦市文化圈内的很多村庄，为了加入这个市场体系，在农业生产的基础上都或多或少形成了自己的产业分工，形成了自己的产业特色。这是目前很少见到的古代成熟的市场体系。

  由市场依赖，逐渐形成文化认同与心理认同。因此，凡是这个圈内的人，大都认同自己是浦市人。许多的活动也是在这样一个共同的心理基础上进行的，我们要论述的浦市龙舟赛就是以浦市文化圈为基础展开的。我们以下说的浦市地区也更多指的是浦市文化圈这一个整体，而不仅仅局限于现在行政区划泸溪县浦市古镇。浦市文化圈中，涵盖人口大约有二十万左右。这个文化圈不仅具有强大的经济影响力，也有着重要的文化影响力。他们所创造的各种文化，在中国广为传播。比如，他们发明的泳装，传遍全世界。他们发明的剪纸艺术，传遍整个苗疆。

3. 浦市历史上的政权

据考证，早在20多万年前，浦市一带就有人类活动。20世纪80年代以来考古工作队在泸溪县二中操场边发掘出了7000多年前新石器时代的人类遗址，在桐木垅一带发掘出古墓二百余座，其中战国、汉墓近百座，出土了大量珍贵的楚汉时期的珍贵文物。证明了浦市在很早以前就有了人类文明的足迹。

宋朝以来，浦市这里建立过好几种政权。这些政权对浦市的历史与文化都产生了或深或浅的影响。浦市有文字可考的历史从宋代开始，其最早的政权也可以追溯到宋朝。当前学术界有一些关于宋代之前的浦市的猜测，仅仅是猜测而已，没有确实的证据。《随书·地理志》所记载的"建昌县"，是否就在浦市，有待进一步的证据（《隋书》中记载的这个建昌县极有可能是错简）。北宋时代，浦市有两个政权，一个是流官政权辰州，一个是溪洞政权（即土著族群政权，相当于今人所言少数民族政权）。浦市一带就由这两个政权分管。中央政府建立的辰州驻在这里的官员是辰州通判（《宋史》卷四百九十四《蛮夷二·西南溪洞诸蛮下》）。辰州通判驻地为浦口，即今天的浦市江东村。

江东村至今保留着宋代浦口城遗址。从宋朝开启的这种两个政权共管浦市的奇怪历史，一直延续到民国时期。成为中国历史上两个政权共管一地时间跨度最长的地方，也算是另一个中国之最。

溪洞政权据说就是谭氏将军。这个谭氏将军在正史中没有记载，但可以通过其他材料来考证。现在通过正史考证的最早在浦市一带开发的历史名人要数宋末元初的"谭千户"（《元史》）。

现浦市镇新堡村谭氏一族在北宋时期即已在武陵山区的辰河一带开发，而且已经成为浦市当地的豪宗大姓。他们长期承袭新堡寨的长官，宋代时，他们或自称为"溪洞正将"（实际上相当于宋代基层军事长官"寨长"）。朝廷将他们统一叫做"蛮酋"。谭氏蛮酋在元朝平定江南之后，向当时的新政府归

千户城兴公亭

降，并获得元朝敕封的"千户"新官职。他们原来的"新堡寨"政权，也因此而更名为浦口千户。按照《元史》的说法，大约是元朝延祐年间，这个谭千户对元朝的统治不满，起兵反元，兵败后衙门被裁撤，谭氏子孙四处逃逸。但是谭家人的族谱还有一个说法，他们是由于当地杨姓大户对谭氏千户政权不满，向朝廷告密，说他们向元朝投诚时所持宋代官凭，是假官凭。朝廷误以为真，将千户衙门裁撤。二十年后由于谭氏子孙重新找到了宋朝廷颁给他们的那张真官凭，元朝政府又恢复了他们的千户官衔。前后两说，很难断定真假。前一说，有当地传说为证。后一说有明朝时期设立的溪洞巡检司为证。

　　由于历史久远，后来的谭氏家族在修订族谱时，常常将谭氏历代祖先的武功都集中在谭千户身上，这才有了将谭子兴与谭千户混为一人的民间传说。其实，谭子兴应该是北宋南宋交替之际的溪洞将军。因为接受过岳飞征调，镇压杨么起义，成为泸溪人口中的英雄而被加以历代传颂。

　　到了明朝之后，浦市成立了溪洞巡检司。这个巡检司同时对泸溪县与沅陵县两个县负责。两个县都在县志中标出这一政权。两个县一直为这个巡检司的归属扯皮。这个溪洞巡检司是中国历史上最奇怪的政权之一。说明这个溪洞巡检司与宋代的溪洞将军、浦口千户都有前后继承关系。后来溪洞巡检司房屋失火毁去。沅陵人将巡检司宅基地霸占。泸溪人也奈何不得。眼巴巴地看着沅陵人将一个池蓬巡检司移驻此地。

　　到清朝康熙年间，辰州府看着两县闹矛盾也不是个办法，只好将池蓬巡检司裁撤，将辰州府通判移驻于此。因为通判在辰州府中列第三，浦市三府衙门的称呼就是这样来的。

辰州府通判主要是管理治安。对于本地钱粮，还是由泸溪县与沅陵县各自管理。所以，大家同处一城，但是却归属两个县。这个现象一直延续到民国结束。

从上面的叙述可以看出，整个宋朝与清朝两朝，此地是辰州通判驻地。通判在府官员中列第三，用现在的话来说，属于常委级领导。通判为六品官，比知府低三级、比县令高两级。因此我们不妨说，宋朝与清朝，浦市都是辰州府仅次于沅陵的副中心城市。这是历史上浦市的政治格局。

我们要注意一个现象，宋元时代，浦市谭氏土政权与辰州通判政权长期并存，给这里奠定了具有开放精神的多元文化雏形。从宋代的溪洞将军到元朝的浦口千户，统治政权都是土著，因此，浦市一带得以保留了大量土著人独有的文化。与讲究中庸之道的儒家文化形成鲜明对比。这些文化传统一直流传到今天，成为珍贵的文化遗产。浦市龙舟赛与龙舟节，都是众多文化遗产中的一项。

4．历史上的族群

浦市这个文化圈，历史上有哪些族群？这涉及我们如何理解浦市的文化。从宋史记载来看，此地主要有三大族群。

第一是廪（猞狫）人。浦口千户的实际族群身份是猞狫（或写成猞獠、仡獠），也就是《后汉书》中所记载的廪君所领导的巴人之后。这个族群，现今在泸溪、凤凰、麻阳三县交界的巴头山周围还有很大分布，他们自称或他称都叫"廪嘎人"，即"廪人"。因为此地是谭氏溪洞将军驻地，廪人势力很大。

他们是本地仅晚于瑶佬的开发者，也是真正意义上的土著。廪人归属溪洞将军府管，只对溪洞谭将军负责。

第二是新迁来的汉人。汉人是朝廷的正规子民，向朝廷交粮纳税当差的老百姓。汉人文明水平较高，特别是他们善于经商，因此浦口码头非常兴旺。宋朝时，廪人所掌握的浦溪码头、浦市码头，都不及浦口码头（即现在的江东还有八大码头遗址）。

第三是瑶佬儿，也称瑶人，或称蛮夷。也就是被识别为苗族的那一支族群，现今在小章乡一带还有分布。绝大多数人在汉族压迫下迁徙到今凤凰、吉首、花垣一带去了。小部分人因为生存需要，融入到新来的姚姓人中。从此瑶佬儿从族群称呼变成了他们的姓氏。这就是我们在浦市文化圈中发现的一个不能自圆其说的现象：姚姓人的族谱说自己是明朝才从江西迁来，但是传说中又有大量宋朝瑶佬儿的故事。

第四是瓦乡人。现今的浦市语言中还保留有大量瓦乡话。"屋"称"阿"、"船"称"雪"等等。

历史上，多个族群生活在这里，相互影响，相互交流，融合在一起，为浦市商业的繁华奠定了多样的文化基础。

5. 浦市商业的勃兴

浦市真正的兴盛要从明朝算起。明代永乐朝以后，北京建设皇宫需要大量的大楠木，激活了浦市的木材市场。浦市商业繁荣之盛得益于明朝永乐皇帝迁都北京这一历史事件。明朝永乐皇帝继位伊始（1403），礼部尚书李至刚

等奏称，燕京北平是皇帝"龙兴之地"，应当效仿明太祖对凤阳的做法，立为陪都。明成祖于是大力擢升燕京北平府的地位，以北平为北京，改北平府为顺天府，称为"行在"。同时开始迁发人民以充实北京；被强令迁入北京的有各地流民、江南富户和山西商人、百姓等。永乐四年，明成祖朱棣下诏兴建北京皇宫和城垣。

　　皇宫的修建需要大量的木材，高品质的大楠木才能支撑起宏伟的宫殿。古往今来，无论是王公贵族还是平民百姓，无一不称赞楠木的珍稀价值。当时产大楠木的地方主要有湖广、四川、贵州，特别是这三个省交界的武陵山区，产量最大，质量最高。而湖广楠木主要出在辰州府，贵州的楠木出在沅水上游的清水江一带，事实上，贵州的楠木运输也要经过辰州府。所以当时的辰州府汇集了天下很多楠木商人。由于楠木十分珍贵，不久之后，楠木被朝廷宣布为皇木，与楠木相关的词都用皇木代替。楠木商在当时得到的标准称呼应该是"皇木商"。皇木商是当时最牛的一个商人群体。由于以下几点考虑，这些商人大多选择居住在浦市。因此，浦市成为大量皇木起运地。

　　一是浦市水运交通发达，码头条件好，便于木材装排作业等等。

　　二是每个皇木商手下都带着数十甚至数百工人，据当时史料记载，每个皇木商平均带领的工人在200人左右。这是很大的队伍，住在官府驻地很容易弄出麻烦。

　　大家只好将家安在浦市。地方大、供给方便，又没有很多官府衙门，不容易闹出乱子；而且尽量避免遭到官府的骚扰。当时辰州府主要的皇木商大多都居住于浦市。

一、概述

以木材市场为龙头，带动浦市本土其它产业同步兴起，迅速托起浦市的繁荣盛况。

虽然具体年代还有待考，但浦市冶铁历史之悠久是确切的。文献记载，浦市盛产的毛铁资源非常丰富，冶铁高炉林立，入夜之后炉火船灯照红了江面。至今江西会馆码头沿河以下，存留的铁渣比比皆是，证明昔日冶铁业规模有多庞大。当地的白蜡、桐油、朱砂、蓝靛等等特产都是当时全国范围内需求量非常大的物资。白蜡是夜晚所不能或缺的照明工具；桐油是房屋与船舶制造都必不可少的防腐材料；在色彩有限的过去，朱砂与蓝靛都是服装印染等行业的重要原料，尤其是皇宫庙宇所需要极具象征意义的大红色就必须要朱砂。浦市一带生产朱砂，当时统称为辰砂。

这座万商云集的地方，可以说是七十二行，行行出富豪。截止乾隆末年，在前后400年间，浦市以4万人口的城市规模、每年800万两银子的商品交易额，而拥有中国大西南的经济王者地位。浦市街头巷尾依然流传着这样一句老话：一个包袱一把伞，来到浦市当老板。财富宝地也造就了不少商业传奇。比如明末清初的吉李两大富豪，依然留有当时古宅大院，供人们感叹浦市的过往兴衰。清代中期出现的瞿唐康杨四大财主名震古镇，而浦市人皆知的瞿三毛黄鹤楼飞金的故事依然是前辈教育后辈的最佳范本。这些历史条件，不仅仅造就了社会制度创新的经济基础（比如我国沿用了数千年以农业税赋为基础的财政经济制度，就是从浦市这座商业大都会实现了质的突破），也为文化创新提供了强大的经济基础。浦市以其数百年的商业盛世，积累的文化遗产博大精深。浦市龙舟赛和龙舟文化就是在这样的环境里延续并发展下来的。

（二）浦市龙舟赛独特的自然环境

1. 浦市河——龙舟赛的场地

在沅水流域，浦市河是最有独特构造的一段。浦市河的独特构造为浦市龙舟赛创造了独一无二的竞技场地。沅水是湖南省的第二大河流，干流全长1033千米（湖南568千米），流域面积8.9163万平方千米，其中位于湖南省5.1066万平方千米，多年平均径流量393.3亿立方米。沅水穿浦市文化圈而过，在泸溪境内多湾。浦市河，也就是龙舟竞赛的地点，恰好就在沅水河段的一个大转弯处。此河段有三大特点。

第一，此处河面非常宽阔。在枯水季节，浦市河面从大码头到江东，水面距离保持在330米左右。在龙舟赛的洪水季节，河面经常达到400米以上。据著名艄公胡万顺介绍，在枯水季节，龙船从河西大码头扒到江东岸边需要320扒（一扒指扒船者用桨划水一次），洪水季节需要900扒。因为洪水季节，水流太急，龙船在冲向江东时，要被洪水冲到下游很远的地方。

第二，此处河面水文结构复杂。河水从上游直冲下来，在浦市河段形成三种水。河西靠浦市一侧长约2000米的区域，是回流水，即从上游流下来的水，冲到浦市娥眉湾之后，部分水反向慢慢向上游流去，浦市人称为静水。处在江东一侧称为缓流水，水流速较慢。河中间一段水流最急，当地人称为黑水，专业术语应该称为直流水。黑水流速太急，龙船在黑水水面必须快速通过，否则就会被黑水冲走，甚至被黑水冲翻船。在不比赛间隙，大部分龙舟在大码头这侧的河流上练习与表演，少部分龙舟扎在江东河面上表演。非竞渡，非挑战洪流，一般都不去跨越黑水区。

第三，冲过黑水是一大挑战。黑水被认为是龙舟最大的挑战，对于浦市龙舟具有特殊的意义。以黑水为界，只有在竞赛或者希望检验自己实力的时候，龙舟才会越过黑水。当龙头触到黑水时，在急流的冲击下，龙舟就顺势向下，龙舟队员再顺势操作，打一个转返回来。洪水季节里，堤坝下汪洋一片，各种水流的流速与冲击力都会成倍增加。

按照这个结构，浦市龙舟赛场一般也可以分为三个区域：表演区、挑战区、决胜区。

表演区。大部分船在河西水面，特别是浦市大码头上下一段。白旗龙舟队集中停靠在大码头上游位置。红旗龙舟、黄旗与黑旗龙舟停靠在大码头下游位置。船可以在上下游来来往往。

挑战区。在回流水区域。不同旗色的龙舟在回流水区域来回表演，同时也是示威，向其他龙舟挑战。双方在这个区域进行的比赛，没有输赢。

决胜区。一旦决定竞渡，两只龙舟冲过黑水线，就没有回头余地。必须一决胜负。

在河两侧的岸边平缓水域，可以表演。当有亲人或朋友来给龙船送红，龙船就在河中划出一个圈，表示对亲友的感谢。挑战则一定是在静水区。龙船常在静水区来回划动，寻找想挑战的对手。其实常常是有意去暗示对手，能否来一次一绝胜负。决胜区必定是在河东的激流区。

浦市龙舟赛场区域划分图见下图。

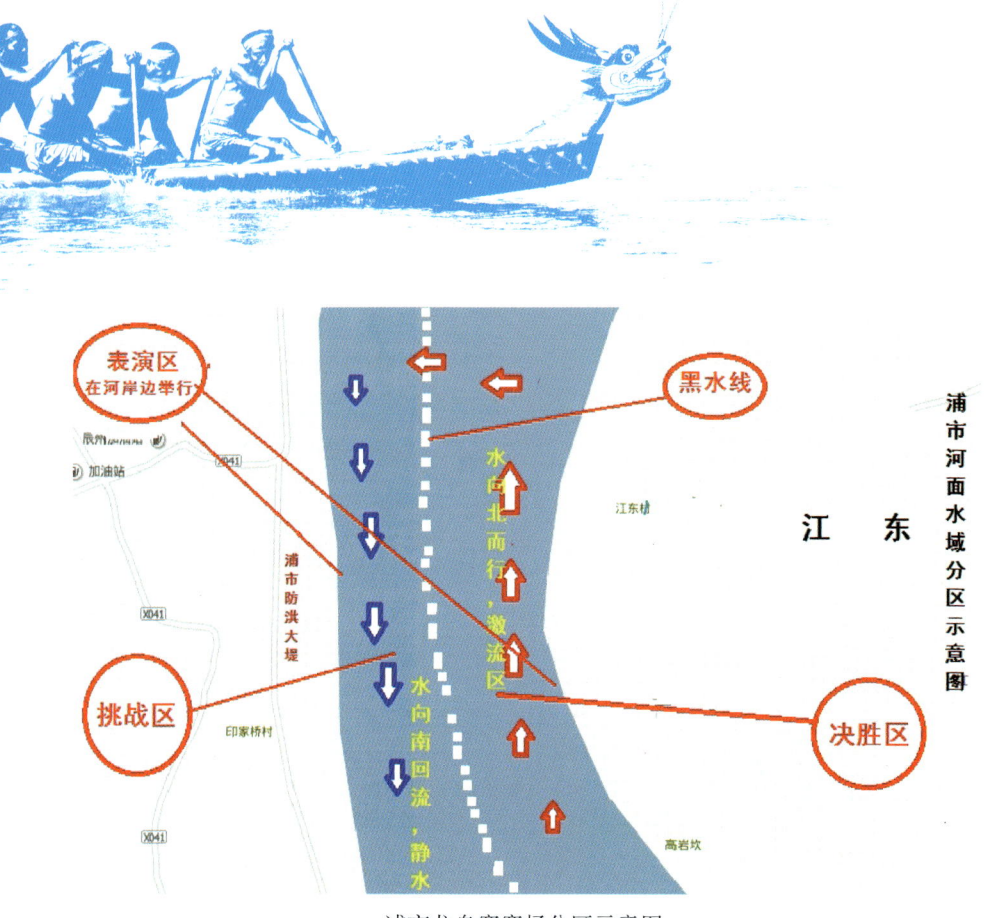

浦市龙舟赛赛场分区示意图

2．端午节前后——洪水季节的龙舟赛

在每年端午节前后的一段时间里，浦市地区都会在沅水上开展一场别开生面的龙舟赛，其激烈场面令人血脉贲张。在此，我们暂且不讨论龙舟起源与意义，仅谈谈最直观的、令人叹为观止的客观环境。

中国大陆东南部，属于亚热带季风气候，其气候特征是夏季高温多雨，气温在25℃—35℃之间。受夏季降雨多的影响，东南部河流汛期一般在五月至十月之间，尤其以六、七、八月为最盛时期。我们从浦市水文站对沅水浦市段的河流状况进行了一些了解，沅水每年河流的最高水位与最大流量出现在六、七两个月份。

在浦市水文站的协助下，我们获得了该段河流的一些代表数值，这些代表数据能够让我们更清晰地认识到沅水水流状况。2015年浦市沅水段水流状况如下：

2015年沅水浦市段水位（m）与水量（m³/s）状况（代表值）

		平均值		最大值		最小值		月平均值	
		水位	水量	水位	水量	水位	水量	水位	水量
五月	上旬	107.22	898	107.99	1600	106.21	301		
	中旬	108.04	1650	110.41	4200	107.12	814	107.82	1440
	下旬	108.37	1960	109.5	3160	106.79	566		
六月	上旬	110.21	3970	114.39	9600	107.97	1580		
	中旬	110.11	3860	112.07	6220	108.87	2460	110.18	3940
	下旬	110.18	3940	114.75	10200	108.2	1797		
七月	上旬	109.64	3320	112.11	6280	108.15	1750		
	中旬	107.78	1400	108.67	2250	106.77	553	108.49	2080
	下旬	108.07	1670	110.89	4770	107.04	748		

从上表可以看出，最高的月平均水位和最大的月平均水量都在六月份。六月份最低水位与最小流量出现在中旬，水位达到了112.07米，流量达到6220立方米每秒，即使最低值，依旧高于绝大部分月数的数值。六月下旬最高水位，不仅是全月最高水位，也是全年的峰值，达到了114.75米，其流量达到了惊人的10200立方米每秒。沅水浦市段年平均水位在107至108米之间，可见六月下旬水位暴涨了6米，六月下旬的流量相对五月、七月平均流量也暴涨了5倍以上。站在河堤看堤下汪洋一片，河水吞噬了一切，此时

的沅水水流就是一只脱笼的野兽，挣脱了牢笼放肆奔跑，洪流挟势滚滚向前，沅水露出了其整年最狰狞的面目，凶险非常。

以2015年为例。按照习俗，龙舟在农历五月初五下水（6月20日），农历五月十五上岸（6月30日），但大部分村寨都会提前10天左右下水练习，也就是说龙舟节恰逢是在每年沅水最汹涌的时段进行练习与比赛的。浦市扒龙舟的方式是横渡沅水江面，其最大挑战就是水流对船体的冲击。在练习期的中旬，水位为112.11米，流量为6220立方米每秒，已经是涨了2至3倍了，已有相当难度，到了下旬，受到上游地区降雨加大的影响，江水水位与流量再次暴增，都达到了全年的巅峰值，龙舟横渡难度再次加大。水位和流量达到最高点后，虽有回落，但河水依旧汹涌，到七月初，水位还保持在112.11米，流量6280立方米每秒。遇此洪水，我们都会避而远之，清楚的明白我们在这洪水猛兽面前的脆弱，但浦市人却迎难而上，用速度与力量拼搏最凶猛的江水。

浦市龙舟节期间气温（℃）状况（2015年6月20至6月30日）

	20日	21日	22日	23日	24日	25日	26日	27日	28日	29日	30日
最高气温	27	24	26	31	34	34	34	34	36	35	35
最低气温	20	21	23	23	25	25	26	26	26	26	25

除河流状况外，天气状况又是另一大挑战。夏季全国普遍高温，南方气温在25℃至35℃之间，浦市地区正式龙舟节持续十天，期间高温不断。从上表可以看到，自23日起，白天气温一直在30℃以上。龙舟队员上午一般十二点左右结束扒船，吃过午饭，下午两点左右开始持续到四点左右结束，

一、概述

涨水前的大码头

涨水后的大码头远眺

17

涨水后的大码头

银井冲龙舟队在洪水中表演

18 | 浦 市 龙 舟 赛

一、概述

浦溪龙舟在表演

也就是说他们每天扒龙舟都是在太阳最毒辣的时间进行的。居高不下的气温对龙舟队员同样是巨大挑战。气温虽高，河堤观众却从未少过，堤上每天都是摩肩擦踵，斜坡上座无虚席。下雨天龙舟是不扒的，多云天气也较少，节日期间烈日炎炎，而浦市地区扒龙舟传统上是不穿上衣、下身穿短裤，热辣的太阳无情的烘烤着队员与观众，队员晒到发红、脱皮都是很普遍的。

在洪水、激流、高温、烈日此等恶劣的环境下，浦市人民的扒槽声与欢呼声源源不断从沅水江面与岸边传来，此起彼伏，不绝于耳。

3. 浦市划龙舟的惊险程度

浦市划龙舟是一项十分惊险的竞技活动,其惊险系数在全国传统龙舟赛中是最高的。正因这个原因,浦市龙舟在全国传统龙舟赛中,是最惊险最吸引人的龙舟赛。我们可以把浦市划龙舟的惊险程度分成下面几种情况:

首先面临的就是溺水的危险,虽说都是河边长大的人会游泳,但不代表毫无危险,有的年轻人慢慢忽略了这门技术。不会游泳的人上龙船十分危险。因为龙舟翻船的几率很大。龙舟节期间,浦市河每天都会有几只船被洪水打翻,或别的原因翻船。船员们就会掉入水中。不会游泳,很容易被洪水冲走。岩门溪村2015年有很大的兴趣参加龙舟赛,但一统计本村能划龙船的人,有一半不会游泳,为了保证安全,今年就放弃了。

其次是撞船的危险,横渡沅水,激流冲撞,艄公一旦没有把好艄,船就会偏离方向,失去控制,与其他龙舟发生碰撞,造成损伤。麻溪口的船2015年就与高桥溪的船发生了碰撞,还造成了人员受伤。

再次,沅水挖沙非常严重,形成了许多沙堆与坑洞,沅水水位涨时,它们都被淹没在水下,水面浑浊,因此划龙舟的人难以发现,不仔细观察便会发生碰撞。银井冲的船2015年就撞到了水下沙堆,船体受损,还有人员受伤。

最后,是现代机动船对龙船的潜在危险。机动船的动力非常大,水下的螺旋桨转动时,会产生强大的吸力。洪水季节,龙舟接近这些机动船时,很容易被机动船撞翻,落水的人很容易被螺旋桨吸进船底。这是龙舟节期间第一危险的现象。因此,龙舟节期间,一定要严禁上下游的机动船靠近赛场,才能保证龙舟赛的安全。

二、龙舟队

（一）传统龙舟队的分队方法及其组成

传统的龙舟队伍主要按照划旗手中所持的指挥旗的颜色来划分队伍。浦市传统龙舟队伍主要有白旗龙舟、红旗龙舟、黑旗龙舟三种旗色。白旗队伍为一个阵营，红旗龙舟为一个阵营，黑旗为一个阵营。旗色相同的龙舟，相互之间是一家人，不竞渡。就算竞渡也只是内部表演，不分输赢，好玩而已。旗色不同的龙舟之间，一旦竞渡，非决胜负不可。历史上，白旗与红旗队伍船数大致相当。总数在40只左右。白旗龙舟主要沿着浦溪一线分布，红旗龙舟主要分布在沅水大河边。当然也不绝对如此，大河边有时也有白旗龙舟。龙船队伍如下。

白旗龙舟主要有下面一些村：湾里、吉家头、罗家村、桐木垅、黄家桥、浦溪、土墙溪、岩龙头、刘家湾、小岸坪、银井冲、晒头、高尔头、青草村（唐家仁／瞿家仁）、高桥村、军田（辰溪）。

红旗龙舟主要有下面一些村：毛家滩、麻溪口、五棵溜、马子桥、当江洲（辰溪）、大湾（辰溪）、江东（辰溪）、球岔（辰溪）、早就坪（辰溪）、铁

柱潭、渔潭（辰溪）、石岩、张家溜（辰溪）等。甚至辰溪县船溪、板桥等处的龙船也归属为红旗龙船，参与浦市龙舟竞渡。相对来说，红旗龙船队伍要多一些，他们的势力也大一些。

黑旗龙舟，历史上黑旗龙舟阵营应该较多，但不知道什么原因后来衰落了，20世纪80年代浦市镇上一些青年人自发组织了一个黑旗龙舟。算是又有了恢复。不过，随着这些青年人各自迁徙，刚恢复的黑旗龙舟又解体了。

白旗龙舟与红旗龙舟，相互之间各自形成了一些传统与特色。比如，白旗龙船的队员，由于生活在浦溪沿岸，常常有一些人不会游泳，但他们力气大，用当地人的话说叫"白旗潮膀要硬一些"。红旗龙舟由于生活在大河边，队员人人会游泳，用当地人的话说叫"比较精通水性"。

（二）新兴龙舟队

新兴的龙舟队主要是花园坪村的黄旗龙舟与杨镐村的蓝旗龙舟。黄旗龙舟，是2014年新建立起来的。为了与传统龙舟区别，他们决定使用黄旗。表示自己与传统龙舟的区别。因为不归属任何传统龙舟队伍，他们可以同时与白旗或者红旗龙舟竞渡。

杨镐村历史上一直是白旗龙舟，近年来他们将自己的白旗改为"蓝旗"。为什么要改？一是或许是受到现代色彩观念的影响。因为在现代人看来，举白旗就是投降的意思。因此，一些年轻人主张将白旗改为其他彩旗。二是当地人说，旁边村是红旗龙船，双方经常因为竞渡，影响了双方的团结。所以，

二、龙舟队

甲拉坪退役的黑旗龙舟

杨镐村主动将白旗改成蓝旗。

每个村的龙船时多时少。多的时候一个村有3只船的，少的时候也有一只船。历史上浦市龙舟节，鼎盛时有40多只龙船参赛。

黄旗龙舟

（三）历史上参与竞渡的客队

历史上的浦市，市场大，影响广，举行龙舟的时间长，横渡激流时极富于挑战性，因此，从浦市文化圈之外也会有很多龙舟队伍慕名而来。比如从白沙方向会有汀流、甲拉坪一带龙船，甚至沅陵的龙船来参赛。上游一带会有辰溪的龙船，甚至麻阳高村一带的龙船也会来浦市参加竞渡。这样一来，每到端午节之际，浦市河面上参赛的龙舟就会达到四五十只，场面非常壮观。

（四）传统龙舟的形制与制造

　　浦市的传统龙船虽然称之为龙船，其实一般是没有龙头和龙尾的，也没有贯穿头尾的龙骨。这和现代的新式龙舟也是不一样的。船身是用上等杉木打造而成，请的是名木匠，用一根刀把粗的竹缆子从头到尾紧绷着，绷得龙船两头翘起。新龙船做成之后，必须用二十来斤的桐油，将船体油得油光发亮，光滑无比。船头、船尾与船舷还要涂抹红色油漆。传统龙船是每个村根据本村子的人口规模自己来制作的，有的十七对槽、十八队槽，也有二十一或者二十二对槽的，特殊的龙船甚至更多。因此龙船长度并不是统一的。据了解，2015年江东村的龙舟是几个头人亲自到张家界市一个偏僻山区里去选木材，买回来之后请辰溪县那边的造船师傅来村里制作的，师傅自带工具。龙舟师傅开工时，也要用猪头等贡品祭祀，放鞭炮、烧钱纸，还要给师傅发红包。根据我们对江东村龙船的测量，其龙船长约为25米，总共有22对槽。由于龙船是有一定弧度的，由两头窄到中间宽，因此龙船最宽处位于第十一槽，大约107厘米，最窄处为龙头与龙尾处，大约44.5厘米。每一个槽位需要850元工钱，每对槽约需3—4天劳动日。从选材到制作完成，总共花费了七万多元。如果从汨罗等地购买，则只需花费三四万元，但是质量无法保证。而且从外地买来的新船，不太适应本地的竞渡环境。

　　由于制作龙船的成本非常高，本地造船的手艺也几近失传。为了保证及时快速地拿到龙船，2015年举行龙舟赛时，绝大多数龙船队都从汉寿、汨罗、辰溪等地购入，或者是请外面的龙舟制作师傅来本村制作。从外地购入的新龙舟材料较轻较薄，吃水较浅，划起来比较轻快。新龙船底部刷上黄漆或者玻璃钢漆，船舷上或者全部涂上黄漆，再用红漆勾勒出龙鳞图案，或者全部涂上红漆，再用黄漆勾勒出龙鳞图案。还有江东的新龙舟则是龙头龙尾漆成红色，其他全部涂抹玻璃钢漆，船上并没有龙鳞图案。

　　根据有经验的老船手告诉我们，即使是制作或者购买新船也是很有学问的。首先要考察龙船的底部形状，尤其注意考察船头部分的船底形状是否平滑。当地的老人家告诉我们，最好不要选择船底似"弓腰型"的龙船。"弓腰型"的龙船弧度比较大，这样使龙船前进时受到的阻力会更大。尤其是龙船头部船底的弧度大，直接使得受阻力面积也变大，这对划船的影响会很明显。因此船底形状最好是平滑的，尤其是船的前身部位。按当地人的讲法叫"四爪落地"，也就是形容龙船能平稳的扎进水里，这也是老手们参考的一个重要指标。另外我们考察过不少村寨的新龙船，新的龙船都比较窄，而且形状上有一点区别。我们在白岩头村考察时，当地的老头人姚祖高告诉我们，这种新龙船他们叫"半边竹"，就是一根竹子从中间破开式的形状。半边竹式的龙船并不是很适合浦市的龙船比赛。浦市龙舟赛所要征服的是急流，而不像其他地方的龙舟比赛在湖区这样比较平缓的水面竞赛。新式的龙船很轻，所以当龙船划行的过程中像水上漂一样飞快。但是它进水不深，不像呈瓦片形的传统老式龙船的船型一样，比较宽扁也比较平滑。

二、龙舟队

江东老龙舟

锣、鼓

老划桨与新划桨

木艄

其实了解浦市龙舟赛的人就不难理解为什么新船比较容易翻船。一方面"半边竹"式的新龙船比较轻，吃水不深，而且加上船受到浮力面积较小。那么在同等受力的情况下，船体所受到的压强可能会大一些，所以更容易受到外力的影响。另一方面因为吃水不深，所以"半边竹"式龙船的重心相较"瓦片"式龙船要高，在急进的水流中更容易被水流的推动力所影响。端午时节一般都是汛期最泛滥的一段时期，江面上的洪流较往常更为迅猛。再加上江中一带有一段急流区域，这一段也是最危险的一段水域，所以经常可以看到在江中心翻船的情况。

传统龙舟比新式龙船更平稳还有一个因素在于船舷的部分。以前的龙船的船舷两侧分别有半根和龙船同长的木材附于船体内侧，当地人称这个部分为纳木（音译）。它们能发挥维持整个龙船平衡的重要作用，同时也增加了龙船本身的重量。这两根纳木其实就是一整根木头劈成两半而成的，可想而知整个龙船的重量不是一般。有的新式龙船为了船身的轻便，则没有在船舷上加纳木这个部分，所以这些龙船的船舷都是垂直的。而有的龙船则有纳木，不过往往都是在船身的外侧，这样可以不占船舱内部的空间，给予划手们多的活动空间。

新式龙船除了轻快以外，在结构上还是有很多优于传统龙舟的地方。比如新式龙船的船舱底部以及船舱中间有两根联结头尾的"龙骨"，它们的作用就类似于人体中的脊椎骨一样，起到固定并支撑整个龙船的作用。还有一根用红绸布包裹起来的钢索把整条龙船的头尾紧，也可以根据要求来调节松紧程度，目的也是让整个船身的形状固定。这长约二十多米的龙船在江面平稳

二、龙舟队

四爪落地式龙舟

划行，一旦受力不均衡的话很可能就会引起船体的震动，这是绝对不允许的情况。要是别的龙船都是平稳过江，而自己的龙船在江上翻腾，这自然是很难划赢的。

　　传统龙船是没有这样的结构的，主要是本地传统龙船，为了适应冲越激流的需要，船身都打造的较为厚重。为了保证20多米长的龙船，能够稳固。传统龙船主要是通过船上面两侧的船膀来实现的。船膀必须用一根20多米

半边竹式龙舟

二、龙舟队

传统浦市龙舟

看上面传统龙船，其船膀几乎是一根整树。仅两侧的船膀，这两颗22～25米长的大树，就已经十分笨重了。按照传统的搬运方法，每次移动这只龙船时，非有40名壮年劳动力不可。

长的整木，在削去一侧的外表，保持与船外体平整的前提下，尽量保证原木的完整性。然后再将这根原木进行人工弯曲，成为龙船船膀。打造难度很大，在弯曲船膀时，需要很多劳动力帮忙。因此，传统龙舟打造成本较大，需要投入的劳动力也较多。2015年，绝大多数龙舟队为了节约时间与成本，纷纷去外地购买新龙舟。但实践的结果，今年龙舟赛期间，被洪水冲翻的龙船，几乎每天都要发生好几起。所以，浦市龙舟要长期举行，为了安全起见，还是要逐步恢复使用老龙船。

新龙船中间的龙骨

32 | 浦 市 龙 舟 赛

三、龙舟队员的构成、选拔与训练

同其他运动一样，浦市龙舟赛极其强调队员选拔与训练。因为浦市龙舟赛是一项极限运动，应该说，它对运动的选拔与训练，比其他项目更加特殊。就算是在传统的农业社会，还没有发展出专业的龙舟赛运动员的情况下，浦市龙舟赛也必须重视队员选拔。这是由其运动的特殊性决定的。经过长期的积累，在运动员选拔与训练上，当地红旗与白旗龙舟还形成了各自的特色，总结了各自的经验。这些经验对于我们今天审视运动员的素质都有相当重要的意义与价值。

（一）龙舟队员的构成与分工

1. 旗手

旗手是每条龙舟上不可缺少的位置，是组织中的"最高指挥官"。旗手的标准名称应该称为划旗。旗手单手握住指挥旗，位于龙舟中间位置，指挥着整条船的行动。旗是指挥，有指和挥两个动作。指就是表明方向，旗子往哪个方向指，船就往哪个方向走，决定着这条船该如何行动。挥就是表示协调

与节奏,大家齐心协力,配合一致。旗手必须仔细观察水面,依据水面状况来判断自己龙舟的优劣势,随机而动。一旦决定应战便立马示意鼓手比赛开始,然后就会挥动指挥旗,很有力度与节奏感,并大声喊口号。旗手就是龙船的大脑,主导着龙船的动向。除此之外,旗手还负责着龙船在河面的祭祀,在需要祭祀的地方旗手会发出指令,降低速度,并念一些祭词。

　　旗手作为龙船最核心的位置,应该如何选择?旗手承担的最主要的就是指挥官角色,因此细致的观察、冷静的思考与判断,能做出正确的决策,外

旗手

三、龙舟队员的构成、选拔与训练

加一颗独立运行的大脑是作为优秀旗手不可缺的素质,一次成功的竞渡总是综合体现着这一切。整条龙舟是一个整体,旗手还要必备协调配合能力,在整个链条中,旗处于领头,因此注重整个的协调一致、有序运行是必要的。旗手在龙舟中间位置,这也是龙舟的核心区域,聚集了旗、鼓、锣与队员,空间并不大,因此尽量要求旗手个子小一点,体形太过粗壮势必会限制动作;扒龙舟周围声音嘈杂,队员需要有旗手口号的引领,这就要求其嗓门要大。

2. 鼓手

有的龙舟将鼓放置在龙舟中间偏前段的位置,鼓被固定在龙骨和横木上,鼓手站着击鼓;有的鼓放置在船头,面对划手,鼓手坐在红色的凳子上击鼓。

鼓手

35

无论在什么位置,他们都要时刻关注着旗手。听鼓下槽,划手们听到鼓声开始扒槽,鼓手主要依旗而动,也就是说鼓是旗的指令的传达器。等旗指明方向之后,看旗子挥动的力度与频率,决定鼓的打击力度。如果往前面挥的快,鼓就捶的快,随着旗的节奏而动。鼓手要有非常好的力量和节奏感,因为扒船现场声音非常嘈杂,需要让划手们听到鼓声,鼓声就一定要大,捶鼓是非常耗费体力的,因此需要鼓手有很好的力量。鼓手会依情景改变鼓的节奏,在训练时划与比赛时划,鼓声是不一样的,训练时带有表演性质,叫打花鼓,比赛时鼓声会更激烈,像战鼓一样。

3. 艄公

艄公是龙舟的方向盘。横渡急流不同于顺流竞渡以及静水竞渡,在江中,龙船不断受到与船垂直水流的冲击,在此冲击下,船随时会改变方向,这时艄公则扮演了团队中技术性与经验性最强的角色。艄公也是听令着旗手的指挥来实际操作。艄公必须了解这一地区的水文状况,适时调整木艄,保证船始终朝指定方向运行,因此需要相当的技术和经验。艄公手握三四米的大桨,立于船尾木板上,通过大桨调整龙舟的方向,控制着龙舟的转向,其重要性可见一斑。据说,艄公大桨插入水中,要十五对槽才划得动。不用大桨时,艄公要把桨拿起来放在船尾。

要成为一名艄公,首要条件就是要站的稳,因为龙舟在河面是会摇晃,艄公必须站在半米多宽的船尾掌控方向,因此就必须保证艄公能站得稳,不会因为摇晃而掉下河,这就对艄公的身体协调性与平衡力提出了要求。其次

三、龙舟队员的构成、选拔与训练

艄公

眼力要好,沉水水流多样复杂,加之挖沙造就漩涡与沙堆众多,复杂程度更加高。艄公必须充分了解水性,适时调整艄,保证船的运行方向,这需要相当的经验和技术。正是因为艄公对于龙舟的重要性且选拔要求高,优秀的艄公并不多,到端午节的时候,很多村是没有艄公的,更别说优秀的艄公,因此就必须去外面请艄公,其价格亦不菲。

4. 分水

扒分水的在第二个槽与第三槽,扒第二槽分水的两个人起到一个引领的作用,后面的划手会跟随他们两个的步伐与节奏扒船,保持整体的协调一致,

分水与头槽

不乱槽。在龙舟前面扒船是对个人能力的一种认可,因此扒分水的人会油然而生一种自豪感。

5．头槽

头槽是对龙舟最前面的那个划手的指称。既然是排头兵,那么自然是有一些与其他划手不一样的功能和要求。

要知道,浦市过去的龙船一般是没有花哨的龙头的。既然是这样,头槽就充当龙头的作用。从外观上来看龙头应该是龙舟最亮眼的部分。既要显得咄咄逼人,又要栩栩如生,木工师傅的美工水平也就体现在龙头的雕琢上面。

三、龙舟队员的构成、选拔与训练

那么头槽取代了这个最亮眼的位置，他也得挑起整个龙船的观赏性的部分。呐喊、摇臂、示威、挑衅、举桨，每一个举动都被观众们关注着。以前，龙舟扒赢以后，在回岸的时候，头槽会在船头做一些敬神的动作或者搞一些花式动作以作表演，庆祝胜利。所以他的动作也一定要漂亮好看。

头槽作为约战的交际窗口，在寻求对手竞技时，负责观察要竞技的龙舟是否处于同一起跑线上，并及时将信息反馈给旗手。在鼓手敲鼓邀战时，头槽会把槽片指向前方，表示发出竞赛的请求，如果同意比赛，在听到鼓手的鼓声之后，头槽会立即开始扒槽；当被邀的龙舟拒绝应战时，它头槽需要举起他的槽片，表示不愿意竞赛。

在竞赛过程中，头槽也有一些对其本身功能性的要求。首先要有足够力量，因为它能在必要的时候帮助艄公控制一下船身的方向。既然如此，那么头槽选手肯定是要左右手都能划得很好的。我们知道浦市的龙舟赛是横渡沅水，最先抵达江东彼岸的龙船才算取胜。端午节的沅水江面甚宽，浦市此岸的观众只能通过跳槽渐起的水花来判断双方龙船谁胜谁负，是否抵达终点。跳槽这项光荣的任务就交到头槽身上了。轻巧灵活的年轻人是头槽最佳人选，大胖子是肯定不合适的，本来赢取的胜利当然不能体重原因输在跳槽这个环节吧。

根据浦市当地老人家的讲述，能当选头槽的人，最好需要是在当地非常积极和热心公益事业的人。虽然并不要求太德高望重，但起码因为热心，村里人或者外村人对他很熟悉，关键是人际关系很好。因为以前我们这船上是没有番号的，仅靠认前面划船的那个人，来辨别他这个船队是哪里的，其他

船的船员一看，就会知道这船的村子，就好像打一个字号一样。我们将龙舟表演比作一场娱乐节目或一场话剧表演一样，观众们对主角的关注程度肯定是最高的。要说主角，头槽自然是首当其冲的了。

6．划手

划手是龙船的主体，主要负责划船，是龙船前进的动力，除去以上几个位置，剩下的都是听令扒船的人，每一对槽坐两人，每条船有四十个左右的划手。

其实一艘龙船就像一部复杂的机器一样，各个零件发挥着自己的功能与特征确保整个机器能有效有序的运行。旗手的智慧、鼓手的力量、划手的耐力、艄公的技术经验等等这些部分都是龙舟赛缺一不可的要素。

划手

（二）龙舟队员选拔

1. 队员选拔及要求

浦市扒龙舟，这一传统习俗，将浦市地区每一个村寨，每一个人都紧紧的凝聚在一起。每一个浦市人都会很积极、很热情的投入到龙舟赛这盛事中来。除了生病的、残疾的与年迈行动不便的，每家每户都会有男性参与扒龙舟，年龄从十几岁到六十几岁不等。对龙舟的热爱是浦市人的共同特征。浦市男人有一颗热情积极参与的心，但这只是义务性的条件而已。

扒龙舟必须拥有强壮的身体和持久的体力，这是选拔队员的基本条件，因此必须挑选身强体壮的青壮年。扒龙舟为什么对体力要求这么高呢？可以说这是由龙舟赛的极限性决定的。首先，持续时间长，浦市龙舟一连扒十天半个月，甚至提前很多天准备。虽然中间可以休息几天，但即使划一次，体力的消耗也是非常大的，其次，环境凶险，浦市龙舟是横渡宽阔的沅水水流十分湍急。尤其是端午期间正值雨季，降雨大，沅水水位暴涨五六米，水流更加湍急，对龙舟的冲击相当大。倘若没有足够的体力与耐力，如何横渡汹涌的河水？因此，最基本也最重要的就是力量。

在龙舟下水之前或者在龙舟期间没有竞赛的时间里，头人会安排队员们练习，岸边的头人和前辈会观察年轻人扒龙舟，主要是观察队员的扒船姿势、与整体的协调和节奏感。扒的好的队员可以调到前面去划，扒得一般的会被调到后面，甚至被人替下来。这既是一种训练，也是一种选拔。初七和十二，这两天是龙舟赛的高潮时期，各村寨龙舟齐聚大码头，各方观众云集沅水河

宽阔水面上的龙舟

三、龙舟队员的构成、选拔与训练

岸,人山人海。龙舟代表着一个村或者一个族的形象,浦市人都非常重视,龙舟队员更期待把最威武雄壮、最完美的一面展现给族人、观众或者外来游人。因此在这两天的正式竞赛中,头人会挑选力量好、技术好,配和协调的龙舟队员上龙船,代表整个村或村去竞赛、展现。

以上只是一些普遍性的选拔要求,对于某些特殊位置的人选拔还有一些附加条件,比如,祭祀时,请神的人包括持火跑的人,就还必须满足下面一些要求,村民比较注重这个人的全面的素质,他们在村里要有一定的威望,因此人品必须要好,此外还要去父母健在,夫妻恩爱,儿女双全,比较孝顺,只有这样的人才能去请神。其他位置的人的选拔,则具体见队员介绍。

2. 组织人员的难度

传统上,举行龙舟活动时,组织人员的难度主要表现在那些人口较少的村庄。因为人口较少,青壮年劳动力不足,无法凑足一条龙船所需要的划手。因此,人口较少的村庄必然要依附附近较大的村庄,加入他们的龙船队伍。但是,今天的情况发生了变化。就算是人口较多的村庄,也存在组织划手的难题。

浦市文化圈各村庄,户籍人口虽然在二十余万,沿河村庄有十余万人。但她同全国很多乡村一样,因为地方工业衰落,农村青年人纷纷外出务工,遍布全国各地,目前在村人口急剧减少。龙舟赛断了近二十余年之后,要重新组织起来,是非常不容易的。在外工作的人要放下手头的工作,损失一部分工资收入,赶回家乡扒龙舟。外嫁的子女也要不远千里赶回来送红。庆幸

的是，浦市人心中都存有和遗传着一份对龙舟的热爱。在外人看来非常难办到的事，对浦市来说并不难。龙舟像一个大磁铁，吸引着浦市人回归到家乡。

为了将龙舟队员组织齐，承头的头人们只要通过现代各种通讯技术，将扒龙舟的消息传达给外出务工的本村青壮年人。大家都会提前做好各自公司或厂矿的工作，请假回乡参加龙舟赛。

（三）头人与后勤

1. 头人

扒龙舟并不是一件简单的事，涉及很多方面的事宜，包括组织、筹款、购船、联系与后勤等等，整个时间跨度长，工作内容复杂，还要防止各种突发事件。浦市龙舟是浦市民间自发组织的，因此必须要有一群有组织能力和领导力领的头人，他们的工作贯穿整个节日的始终，保证活动有序安全进行。可以说，有龙舟就必须有头人，因为头人是各个村寨的主要发起者，是幕后的核心团队。

头人是每个村寨的人自己推选出来的，负责组织、统筹和协调整个龙舟队相关事务的人。一支龙舟一般有几个头人，少则三四个，多则七八个，龙舟的一切事宜虽有分工，但并非很明确，遇大事还是要由几位头人共同商量决定，每个人都有同等决定的权力、责任与义务。在这里我们也看到了基层群众民主组织的力量。头人也并不是谁都可以的，头人在当地需要有一定的影响力和号召力。头人需要联系本村组外出打工的年轻人和家族里面外嫁出

三、龙舟队员的构成、选拔与训练

去的女儿，他们遍布全国各地，而且要大家把手头的工作放下并安排出一段空闲时间，赶回家乡参与龙舟赛，还要能在短时间里组织起村民，能在短时间里筹集好龙舟所需经费，都是对头人的号召力和影响力的考验。交际能力也是对头人不可或缺的要求，头人依托其对内对外的人脉为本村龙舟带来了赞助，很多头人的朋友都来资助，着一些都是头人发挥的作用。头人最好有点经济实力。作为头人，就必须多承担一份经济责任。

访谈麻溪口龙舟头人

2. 后勤

所谓兵马未动，粮草先行，后勤的重要性世人皆知，保证后勤的工作的顺畅同样也是头人的职责。后勤主要负责吃饭、服装、医疗与账目等。最重要的当然就是与龙舟相关的上百口人的吃饭问题，村寨一般是找一个大一点的地方，搭几口大锅，有人负责卖米买菜，中午晚上大家都在此吃饭。服装一般是有商家赞助的，每只龙船大约要八十到一百件衣服，负责后勤的头人会在河边发放，参加扒龙船的人都会过来领取。而当出现某些突发情况是，比如有龙舟队员受伤或者船破损时，还必须处理好伤员送医治疗与修船等问题。每个村落在龙舟上岸之后，会将有关于龙舟的收支明细写在红榜上，贴在村口位置，让村民明白的看到账目，做到公开和公正。对于有剩余的资金，将会存入银行，用作下次划龙舟。

端午的沅水就像一片诺大的舞台，各村各寨的龙船在这个舞台上尽情表演，博得八方而至的观众阵阵喝彩。在这背后还有一群乐衷奉献的人默默的在台下统筹着这一切，保障整个龙舟节能够成功有序的进行。

（四）队员训练

1. 集体训练

浦市人扒龙舟一心为荣誉，因此，节日前以龙舟为单位的集体训练自然是必不可少的。训练目的有两个：

其一，选拔队员，安排在合适的位置上。大规模的浦市龙舟节中断过近

三、龙舟队员的构成、选拔与训练

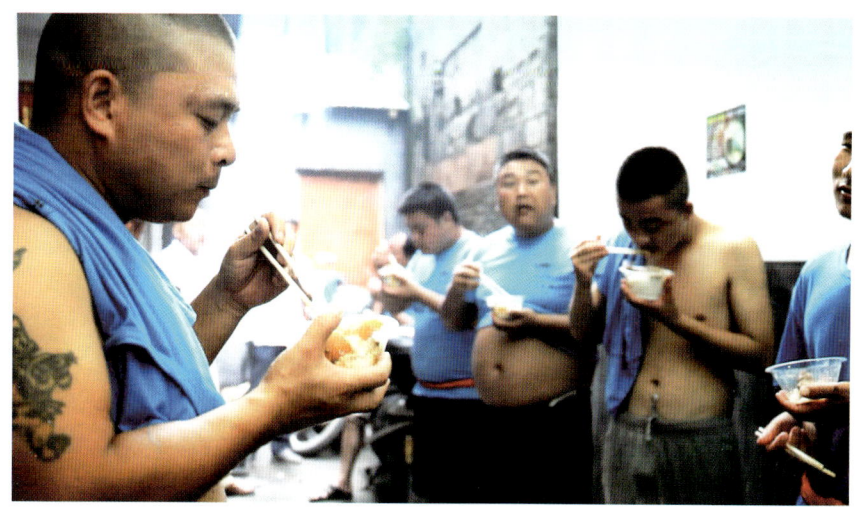

队员在吃饭

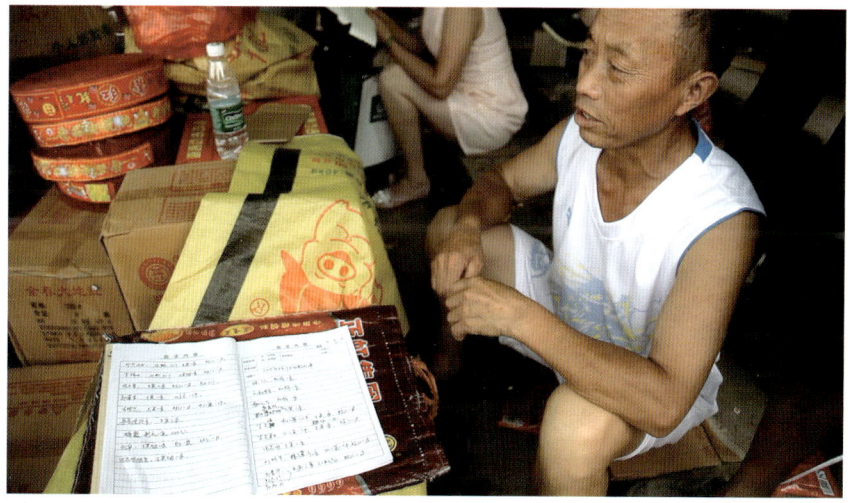

送红登记单

二十余年，2015年可以说是它的一次复兴。对于许多村组来说，龙舟文化出现了断层，当年正值青壮之年的队员们渐渐老去了，体力无法支撑扒龙舟了，而当时处于儿童阶段或此后出生的人则没有接触过扒龙舟。扒龙舟需要的正是一批年青力壮的人。因此，意愿参与龙舟节的村组会提前召回在外的劳动力，并在本村附近的河道上进行集体训练。头人和老一辈的龙舟队员会在岸边观察队员们的扒船表现，选拔出有力量、技巧的人，把他们安排在合适的位置上。

其二，适应配合，增进默契。在人员选择完毕后，会通过训练加强相互之间的磨合。龙舟各位置形成了一条完整的链条，环环相扣，最终把所有力量集中在一个点爆发出去，因此，扒龙舟需要把握节奏与保持协调一致。队员需要训练对旗、鼓与锣的反应，知晓如何听或看指令以随时调整自己的行动，需要通过反复的练习，以改善队员之间的配合，加强相互之间的默契。浦溪村作为传统强队，其取胜自然有其独特的方法。浦溪村以前每在龙舟节前几日就把扒船的青壮年集中在黑龙庙中，在一起吃饭、训练，晚上则禁止行房事，以保持队员的精力充沛。

2. 个人训练

浦市龙舟的扒槽动作不仅需要力量与技巧，还需要整齐划一的美感。因此，真正上龙舟需要付出许多的努力。浦市男人们热爱龙舟，渴望通过龙舟来宣告自己的成长与展示自己的力量。但并不是每个人都能符合条件，因此那些渴望抓住机会的人需要付出更多的努力。他们在集体训练之外，还会单独练习扒槽的动作，使其更加完美。在调查中，浦市印象队头人邓光清就讲述了他的这些经历，他非常渴望上龙舟扒船，但是大人们觉得他的动作不够好，于是他偷偷拿了一只桨回家，闲暇时就会坐在床边练习扒槽动作，功夫不负有心人，邓最终如愿上了龙舟。

龙舟上有些非常特殊的位置，它们有很专业的技术或内容，如旗手、鼓手、艄公等。对旗手来说，祭词对于他们是极其重要，因此具有一定的保密性。对于想要成为旗手的人就需要单独去请教有经验者老旗手，从他们那里接过传承词，成为新的继承者，意愿成为艄公与鼓手的人也是如此。

3. 训练人员的难度

浦市人回忆，还是 20 世纪 80 年代初分田到户的时候，龙船是最多的，大约有四十几只，此后都没有比这规模更大的了。每年都有村落在划，但龙舟数目很少，很多村组都是二十几年没划了。因此就面临着划船手青黄不接的问题。因此急需补充一批新的龙船手。但是，现在的年轻人大多在外打工，就算抽时间回家划龙船，时间也是非常紧的。这给新队员训练带来空前的难度。新队员不仅仅要学会游泳，还要学会划龙船的各项技术，包括单个人的技术、合作的技术、水中自救的技术等等。龙船队员多，每个位置的队员担负的任务不同，需要大家十分合作，才能将龙船划好。因此，目前各个队都是匆忙上阵，队员缺乏应有的训练。这也带来很多隐患。我们在此特提出几点建议：

第一，建立浦市龙舟基地与龙舟学校，大力发展龙舟运动。提高本地人

对龙舟技艺的竞技水平与欣赏水平。

　　第二，建议县政府以后将划龙舟作为重要的非物质文化遗产项目，扶持传承人做好浦市龙舟运动的传承和推广，并作为当前的中小学教育的社会实践活动课程，使中小学生在学生阶段就能够了解和掌握基本的龙船技术。

四、祭祀仪式

浦市的龙舟队每次比赛之前都要举行非常复杂、虔诚的祭祀仪式。在龙船正式下水前的几天，龙舟队的头人们要亲自带领手下的龙舟队员们完成很多参神活动。白旗龙舟与红旗龙舟，各自有自己的传统。总体来说，各自的仪式具有一致性。但是，因为各自所处环境存在一些差距，每个龙舟又会有一些细微差别，有一些自己村庄的特色。通过田野调查，我们对各种旗色的龙舟祭祀仪式进行介绍，希望这些个案，让读者看到浦市龙舟祭祀仪式所具有的民族传统，以及对外来文化的全面融汇能力。

（一）白旗祭祀仪式

浦市白旗龙舟大多聚集在代朝山下，绝大多数沿浦溪分布。因此，白旗龙舟在祭祀时，就会特别将代朝山的庙作为重点。朝拜代朝山，成为白旗祭祀仪式的首要特点。他们将代朝山的庙称为"高山大庙"，必须首先加以祭祀。其他庙宇都是小庙，放在后面祭祀。下面我们选几个白旗队伍重点介绍。

代朝山真武殿

1. 高山大庙及其来历

白旗龙舟祭祀中，开口第一句话即是"高山大庙"。这是一个什么庙？白旗龙舟为什么如此看重这个"高山大庙"？要了解其中的前因后果，我们就不得不提到浦市人的祖山——代朝山。代朝山，浦市人又称其大头山，位于浦市镇新堡村，海拔625米，是浦市的最高峰，山顶上的真武殿，据传说建

四、祭祀仪式

于宋真宗年间。浦市民间口耳相传,这个真武殿乃是泸溪县历史名人谭子兴所建。在老百姓的传说中,谭子兴又称谭千户、千户公、千户侯等等。总之传说的很神秘。那么,这个谭子兴与谭千户两个人之间到底是一个人还是两个人?他们到底是什么人物?

据我们考证,将谭子兴与谭千户联系在一起,是在传说中不断被加工的结果。他们其实是两个人。谭子兴是北宋人物,谭千户则是宋末元初时期的人物。因为谭姓人一直在此担任世袭土官,传说太多,后人不免将多个领袖的事迹混在一起。从隋唐以来,沅水主干道上都设置了流官政府。但因唐末之乱,土著豪酋纷纷自立,占地为王,自封刺史将军,这就出现了浦市谭姓溪洞将军政权。这个政权就建立在现在的浦市新堡村,即代朝山脚下。宋元时期,新堡村一直是泸溪至辰溪、麻阳一带土著民族的政治经济中心,是土著族群政权的首府。《宋史·西南溪洞诸蛮上》有一段话,北宋真宗天禧年间(1017—1021),隶属辰州府的北江诸蛮,在得到皇帝敕告、印符后,只要隔江北向而拜就表示向皇帝跪拜谢礼了:"州将承袭,都誓主率群酋合议,子孙若弟、侄、亲党之当立者,具州名移辰州为保证,申钤辖司以闻,乃赐敕告、印符,受命者隔江北望拜谢。"就在本地隔江北望行跪拜礼,就等于朝觐了,从此不需要进都城当面向皇帝跪谢龙恩了。这段话不是直接描述浦市镇新堡村历史上的谭姓土著政权。但是,传说中的谭子兴也是在代朝山上"隔江北望拜谢"。谭子兴之所以可以在新堡村代朝山庙中行朝觐礼,肯定要有先例,要得到政府政策许可。北江诸蛮就是今天永顺、保靖等地以彭氏为首的土司集团,共有二十个州。浦市这个地方处于北江南江之间,当时被划入北江诸

代朝山俯瞰浦市

四、祭祀仪式

蛮。无论怎样,当时的谭子兴依例在代朝山行朝觐大礼。所以,就有了代朝山修真武庙的故事。代朝山朝觐的历史,给了代朝山"大庙"的地位。因为是朝觐皇帝的地方,非一般庙宇可比。在浦市一带,代朝山具有最高神的权威。凡是古代归属谭氏土政权管理的土民,慢慢形成了传统,大事祭祀,都以代朝山为首先考虑的庙宇。因此,有了"高山大庙"的说法。在这些土人眼里,"高山大庙"是最尊贵的庙。因此,龙舟下水之前,必定要先去祭祀代朝山大庙。

从此也可以看出,白旗龙舟队伍大多原本是属于土人,是由谭氏政权管辖下的少数族群。不过,今天的这一带居民,全部认同自己的汉族身份了。这是文化融合的结果。以后有机会,我们再来探讨这个地方居民的古代族群归属问题。

2. 银井冲龙船的祭祀仪式

(1) 代朝山祭神与请神

银井冲龙船的头人们在选好了一个良辰吉日之后,身先士卒,在这一天的清晨集合于代朝山下,他们此行的目的,是要沿着崎岖的山路到达代朝山山顶的真武殿,祭祀神明。山路陡峭,对于普通的人来说,是相当不好走的一段路程。但头人们不仅要征服这段山路,还要赶时间,整个过程对于体力的要求相当高。头人们也并不是什么爬山高手,只是心中有着到山顶参神的虔诚信念才支撑着他们在短时间内赶完山路。

从代朝山下往山上走,沿途并没有真正意义上的道路,头人们描述那段

路程时都开玩笑说是"水泥路",为什么叫"水泥路"呢?有水有泥,难走得很呐!整条山路最陡峭的地方与水平地面几乎呈60度夹角,不要看代朝山海拔高度只有600多米,要征服它到达山顶并不容易,种种因素决定了头人们的请神之旅定不会轻松。

这几个头人经过大约一个小时的辛苦赶路,终于来到了代朝山的山顶,他们在山顶的真武殿首先给神灵上香、上贡品,因为真武殿乃是清静之地,贡品必须是素食,否则就是对神灵的不尊敬,放好贡品后头人们便叩头拜祭各路神仙,请求各位神仙保佑自己的龙船队能够在接下来的比赛中获得胜利。祭拜结束之后,头人们从刚才上的香中取出一支,便返回下山了。

从代朝山上下来之后,头人们便把拿下来的这支香带回自己居住的地方,然后插在当地的庙里,这样便完成了整个参神活动的第一步——代朝山上把神请回家。

(2) **看风水选日子**

请完神后,整个白旗稍作休整,便正式迎来了下水的日子,日子一般定在农历五月初五前后。下水开始前,头人们专门找来风水先生看一看风水,等到风水先生确认无误之后,下水仪式才能确定可以举行。然后所有队员全体出动,下水仪式在热闹非凡的气氛中正式拉开帷幕。

四、祭祀仪式

银井冲龙船下水前的祭祀

抬龙舟祭祀,大喊龙来了

(3) 点龙睛

队员们先把船抬到一处空地统一放好,在船前摆好贡品,和之前上山请神只能用素食贡品不一样,这次是有酒有肉,十分丰盛。然后头人正式登场,只见这位头人头戴巫傩面具,手持一炷香,面朝龙船,先鞠三躬,礼毕之后,头人便大声念到:

高山大庙,平地小庙,七十二神庙,庙庙如神!保佑银井冲划船弟子,头头得胜、头头得赢!

喊完这几句话,头人便拿起一只活鸡,先举过头,向众人示意,然后要用嘴咬破这只鸡的脖子,拿它的血在龙船上点三下,以示龙船获得神佑,可以顺利下水。

(4) 龙船拢岸边

龙舟队员们看到头人示意后,便立刻训练有素的分站于每条龙船的两边,只听见一声大喝,队员们齐心协力,一把抬起了龙船,往河边走去,队员们一边抬一边有节奏地大声喊道:"龙来了!龙来了!"霎时间喊声震天,豪气干云。

(5) 龙船跑火

队员们把船抬到岸边,下水仪式也终于到了最后一步,所有的队员在龙

四、祭祀仪式

新龙舟跑火

船两侧站好,等"跑火"开始。这"跑火"仪式就是整个下水仪式的最后一环,一个划手先在船头前烧上一把纸钱,然后另外两个龙舟队员手中高举一把点燃的稻草火把,用最快的速度从龙船头冲刺到龙船尾,所有人都相信,这两位"跑火"的队员冲得快,到正式比赛时自家的龙舟就会划得也快。这两人冲到船尾位置之后,将各自手中的火把交换,然后再飞快地冲回船头,将手中的火把扔进河中,而与此同时,站在龙船两侧的其他队员马上一齐使力,在火把掉进水中的一瞬间将龙船推入水中,然后所有队员一跃上船。他们沿着沅水,奋力将船驶向正式比赛的地点——浦市古镇大码头。

(6) 沿途参神

去大码头的这段水路并不短,沿途不仅有沅水优美的风景,还有几处供奉各路神仙的庙宇,白旗的龙船队员们在划着龙船去往大码头的途中是会经过这些庙宇的。为了表示对各路神仙的尊敬,每一支龙舟在经过一个庙宇的时候,有的会在河面打一个转,有的则会减慢船速,由旗手念祭词进行参神。船上前三个槽的人要同时起身站立,对着庙宇深深鞠上一躬,以表示龙船队对神灵们的敬重之意。

(7) 拜河神

龙船队终于快要达到大码头了,江面也随之变得开阔起来。当地人认为这才是真正到了大江上,船到了大江上,就需要所有队员敬当地人传说中的"大神"——河神。在宽阔的江面上,龙船队员们把船划到河中央,然后头人起身站立,嘴中念到:"河神大人保佑白旗弟子旗开得胜!"话毕,船员们和之前一样也将龙船在河中沿着逆时针打个转,同时,船上所有的划手一起将手中的船桨竖举起来,大吼三声:"哦嗬嗬!哦嗬嗬!哦嗬嗬!"。他们坚信,这种当地人一直坚持的拜神活动,能够让他们在与对手的龙舟比赛中获得好运。

(8) 拜码头

这是最后一步拜神仪式。龙船队到达了大码头,大码头此时早已是人声鼎沸,作为对手的龙舟队也陆续抵达,一场大战一触即发。白旗龙舟队员们

四、祭祀仪式

浦溪村黑龙庙里的黑龙菩萨

将龙船的船头对准大码头,然后前面三排的划手将船桨高举起来,然后把船桨对着大码头点放三下,同时全船的人对着大码头叩拜三下,以示对支持自己的家乡父老的感谢。

礼毕之后,白旗的所有祭祀仪式也就全部结束了。所有的龙船健儿们在获得了各种先祖、神灵赐福的力量之后,将用全力去完成接下来的比赛,他们要为捍卫白旗的荣誉而战,为回馈家乡父老的厚爱而战。

3. 吉家头龙舟的祭祀仪式

吉家头也是白旗龙舟。他们的祭祀仪式与白旗仪式整体上保持一致。但是多了一个祭祀关公的元素。这是白旗龙舟很有意义的一个新元素。

浦市龙舟的祭祀活动有很强宗教背景和意义。浦市地处沅水中游,当地

吉家头土地坊里的关公像

自古信奉神灵。明末清初就已经是寺庙与会馆林立了。浦市周围不过十多千米，竟有会馆、寺、庙、庵、堂、观、阁等72座之多，另传说有土地堂坊99座。这些大小神灵分布在各个庵堂庙坊中，受到这一片区的居民们祭拜祈福。然而每个片区都有一些神灵被当成当地的守护神的角色。比如浦溪村的黑龙菩萨是当地最重要的神。过去浦市的川陕会馆就在如今的吉家头的位置，川陕会馆也就是当地人所说的忠义宫，当时大殿内供奉着关公的雕像。吉家头一带的居民对关公也有着特殊的情感，把它当做坐管这一带的神灵祭拜供养，也亲切的称它为"关夫子"。

　　当地的村民说起以前划龙船的那些有趣的故事，就不得不说关夫子。据说有一年吉家头的龙船划得非常好的，龙舟就像离弓的飞箭一样快，基本上次次都赢。后来听他们扒赢了的对手讲起，说他们的船上好像隐约的看到有一个红脸长须的人站在船中。也就是说吉家头的龙船好像被关夫子保佑护体了一样，所以感觉有如神助一般，怎么扒都没有对手能扒赢。从此，他们在龙舟下水之前的祭祀神灵的仪式中，就增加了一个祭祀关公的元素。这就是吉家头龙舟祭祀关公的来历。

如今忠义宫因20世纪90年代的那场大洪灾而被迫拆除了，当地人只能把关夫子转移到土地坊里继续供奉。有了关夫子的保佑，2015年吉家头的龙船又是所向披靡。当地的居民说起龙舟就更加是信心满满，所以也商量打算专门建一个庙堂供奉他们的这位地方保护神。

4.浦溪龙舟的祭祀仪式

白旗中还有一支队伍有一个特别的环节值得单独拿出来介绍一下，这就是浦溪龙舟队。浦溪龙舟队因为著名的大姑娘二姑娘"龙舟女神"的传说而成为浦市龙舟赛最为耀眼的亮点。浦市龙舟始终铭记着这两位少女的贡献和牺牲精神。为了纪念她们，浦溪龙舟队专门在已有的白旗赛前祭祀活动中加入了许多和大姑娘二姑娘有关的祭词。除了前面已经提到的那些白旗龙舟队念的祭词以外，浦溪龙舟队在每一个祭祀环节的祭词后面都要加上一句"大姑娘，二姑娘，请上花船！"。他们希望当年美丽而又略带悲壮的龙舟女神能再次显灵保佑船队，从而使整个船队最终赢得比赛。浦溪村人认为其龙舟历史是最为悠久的，其沿河参神是其整个龙舟节日中的重要部分。浦溪村在黑龙庙前完成下水仪式后，船要往上游划到桥附近，在河中面对代朝山祭拜，再掉过头，顺流而下依次要在黑龙庙、大坊阁、大姑娘、二姑娘跳水的地方，

　　黑口儿，庙垄寺，陕西馆，中庵这些地方祭拜，祭拜时船要放慢速度，前三个槽的队员要举起槽片，旗手念祭词请神。在每个地方祭拜的祭词是不一样的，其祭词大意是邀请各位神灵上龙舟，保佑龙舟安全、得胜。如今这些地方的庙宇已经没有了，浦溪人遵循着老一辈流传的习俗，还是在老地方祭拜。

　　此外，浦溪龙船队出发时，也有一个独特的风俗习惯，就是著名的浦溪"放黄烟"，浦溪的龙船队在到达浦溪口即将进入沅水的时候，龙船队员们会在自己的龙船尾点燃黄烟，点燃之后，浦溪的龙船队就好像在天上飞行的飞机一样，一路拖着长长的黄烟行进，最终到达大码头。每次浦溪的船队出现在大码头的时候，都要因为拖着长长的黄烟而显得格外有气势。大码头岸边的观众们一看到远处有长长的黄烟出现，就知道这是浦溪的船队到了，他们也会给予热烈的喝彩，大声喊道"女神来了！女神来了！"来迎接浦溪龙舟队的到来。这一切都足以说明当年的龙舟女神传说在整个浦市的影响力之深，是一种值得深入研究的文化现象。

（二）红旗龙舟的祭祀仪式

　　与绝大多数居民自宋朝之前就土生土长于浦市的白旗龙舟队伍不同，龙舟赛中的红旗队伍所在的村镇中有相当一部分居民乃是明朝之后才迁徙至浦市的外乡人后代。而他们从外乡迁入浦市之后，所采用的祭祀仪式相比较于白旗来看也就有了明显的不同，最明显的例子就是红旗队伍一般不会上代朝山请神。由于红旗的这种有趣的特性，导致了他们内部几个村子之间的风俗习惯也有很大的不同，因此我们需要将这几个比较有代表性的村子分开来进行介绍。

1. 红旗麻溪口龙舟队祭祀仪式

麻溪口村，位于浦市镇东北方向大概 10 千米，村中的年轻人大多数都在外打工，但是到了比赛开始的这个月，村里的头人就是一个电话一个电话的叫，也要将所有的身强力壮的青年叫回来。麻溪口人特别看重龙船比赛。从准备阶段开始的所有兆头，好兆头就需要保持，不好的兆头则一定要坚决遏制。2015 年龙舟下水的第一天，就有船员不幸受了伤，所有的龙船赛参与者都马上认为这是一个非常不好的兆头，村里的长老和头人当机立断，换掉了这艘出事的船，毫不犹豫重新花钱买一艘新的。

麻溪口的船下水时的祭祀流程和白旗有类似的地方，比如龙船下水，划手跑火。但又有不大相同的地方，比如麻溪口的龙舟队绝对不在五月十三这天下水，因为在当地风俗习惯中，这个日子是一个不吉利的日子。又比如跑火的划手必须是尚未结婚的男子，才能驱邪，同时还要放上两大挂鞭炮；龙船队的拜神仪式开始后，旗手念出祭词。从这个环节起，就与白旗的祭祀仪式有了一些明显的区别，区别可以从旗手念的祭词之中明显感受到。主持祭祀的旗手念道：

  湖南湘西州泸溪麻溪口，神龙一支，敬请高山帝女，观音大士，齐天大圣，伏波大王，上龙船！

  这祭词中,将本土信仰与新传进来的信仰融为一体。高山帝女是指村北边的辛女信仰。说起这高山帝女,还得讲一个传说。

  传说古代高辛氏时代,南方有吴将军作乱,高辛皇帝派了很大将军去都打不赢他。只好下令,谁能打败吴将军,将自己的女儿嫁给他为妻。后来,宫廷门口那只叫盘瓠的狗,将吴将军的头叼了回来。高辛氏在女儿劝说下,只好将二女儿嫁给盘瓠为妻。盘瓠将新婚妻子辛女背在背上,从北向南一路狂奔,来到现今的泸溪县沅水边上,定居下来。两人在此繁衍生息,生了六男六女、十二个孩子。儿子们长大后每天外出打猎。可是,有一天有人嘲笑他们没有父亲。他们回来后问母亲,他们的父亲到底是谁?辛女被问不过,只好如实回答,每天陪他们兄弟上山打猎的盘瓠,即是他们的父亲。几兄弟感觉非常难堪,怎么自己的父亲会是一条狗呢?第二天,几兄弟带着盘瓠上山打猎时,就将盘瓠打死了。将盘瓠丢下溪沟后他们就回家了。辛女问,你们的父亲怎么没有回来?答曰打死了。辛女急忙外出寻找,一直顺着盘瓠流下的溪沟寻找到沅水边,站在河边望着被河水冲走的夫君,从此划成一座石山,立在那里。从此这座山就叫做辛女岩。当地老百姓在山顶为辛女立祠,叫帝女祠。这就是祭词中的"高山帝女"的来历。辛女岩在麻溪口村北边5千米的地方。从"高山帝女"放在祭词的最前面来看,这红旗龙舟也是起源于本地。

  至于祭词中的观音大士、齐天大圣、伏波大王等神,相对于高山帝女来说,是外来神。从祭词中的这些新神来看,本地受到外来文化影响明显要比白旗龙舟队伍要深的多。特别是出现的齐天大圣是一个很关键的神仙。因为

四、祭祀仪式

帝女祠与辛女像

齐天大圣乃是孙悟空，而这孙悟空正是在明末清初之际随着一本《西游记》的出现而被华夏大地上的人所熟知的。麻溪口人对西游记中威风无比、神通广大的齐天大圣有着极大崇拜，又因这崇拜太深，之后麻溪口的祭祀活动中便自然而然地一直有了齐天大圣的身影。这句祭词也从一个侧面印证了红旗麻溪口人在浦市生根发芽的时间比白旗要晚。

旗手喊完这些话，也就完成了对神的祭拜，接下来他们要祈求神灵们给予他们好运，旗手站上龙船，大声喊道：

一扒国泰民安，二扒风调雨顺，三扒旗开得胜，四扒家族兴旺发达！

希望以此为自己的船队和村子获得一个好的兆头。

2. 红旗白岩头龙舟队祭祀仪式

白岩头同样位于浦市镇东北方向，距离浦市比麻溪口稍近，他们在龙舟赛开始前，要先到村中河边的宫庵殿请神，这宫庵殿的名字集合了"宫"、"庵"、"殿"三种宗教场所，乍看之下十分了不得，其实宫庵殿原为"公安殿"，这宫庵殿是一座比较特殊的土地庙，庙里的神仙不吃荤，吃素，因此，白岩头的村民去拜祭宫庵殿的时候供奉的贡品都是"斋食"，当地人管"吃素"叫做"吃斋"。斋食大多数是豆腐、糍粑一类的食品。

拜祭完宫庵殿的神仙后，白岩头的龙船队员们还要前往位于山上的临凤庵拜神，临凤庵因为地理位置相比宫庵殿略难走，所以每次祭拜的时候顺序

四、祭祀仪式

宫庵殿

临凤庵

宫庵殿功德碑

都排在宫庵殿之后。祭拜完这两个地方之后,白岩头才能正式进行下水跑火的仪式。下水之后,船还要在河中间停上一段时间,由旗手带头为龙船队祈福,祈福完毕之后,龙船才算正式下水,白岩头在龙船下水之后要一直练习到初五,然后初七才正式前往大码头比赛。

3. 红旗江东村龙舟队祭祀仪式

最后要介绍的是江东村,现在的江东村属怀化市辰溪县管辖。这是新中国成立之后行政区划调整形成的。历史上,江东村一直是浦市古镇的一部分,商业繁华的浦市古镇是附近一带村寨的经济中心,对古镇有极强的依赖性。现在,许多江东人在浦市经营店铺,每天乘船来到古镇街上喝茶、贸易,都是大部分江东人日常生活习惯。长期的交往使江东人形成了极强的地区认同感,虽然行政区划上是怀化市辰溪县,但在心理上他们依旧认同自己是浦市人。江东村也一直保持着浦市扒龙舟的习俗。

江东村拥有一座千年古刹——江东寺,江东寺原本建于宋代,即使在漫长的岁月长河中原寺已经不在了,但是现存的江东寺仍然是其所在地区最有名望的寺庙,在江东村,江东寺的地位便如白旗地区的代朝山一般重要。每年在扒龙船之前,村里人必定会到江东寺请菩萨保佑扒船能得胜归来。他们相信,江东寺中的如来佛祖和十八罗汉们会保佑他们,在佛光普照之下,本村龙船队在与白旗的争斗就有足够的可能获得优势。

除了江东寺之外,江东村的村民在本村龙船下水之前还要前往伏波宫和村中遍布各地的土地坊进行祭拜和请神。这"伏波宫"所供奉的神是后汉名

江东寺

将马援将军。因马援征武陵蛮，死于沅水边的壶头山（据说在现今的沅陵县境内），备受当地百姓的崇奉。特别是在沅水主干沿岸。红旗拜祭"伏波"，以求身体能获得额外的力量。而拜祭四处的小土地坊，则反映了红旗希望龙舟节的比赛能给土地坊保佑的各家各户带来好运。

　　每年龙舟赛前这三处地方的拜祭和请神活动江东村都会尽一切力量做到最好，在祭拜活动结束之后，江东村便和其他龙舟队一样，划手们在岸边烧一把香纸，然后跑火，火一跑完，跑火的划手便将火把往河里一扔，紧接着龙船马上下水，队员们一跃而上，杀向河对岸的大码头，准备和白旗展开一场大战。

（三）黄旗队与黑旗队的祭祀仪式

黄旗龙舟所在的花园坪，90年代末期才组建黄旗龙舟队，此前一直与其他村组合伙扒船，很多仪式是沿袭和模仿了红旗和白旗的仪式，当地有一些不同的神，因此参拜的神有所不同。他们把龙舟当做保护神，当村里买了新龙舟，村里人会在河边接龙舟，合力把龙舟扛回放置龙舟的棚子，沿途经过的庙或者土地坊都会祭拜，这是对龙神的敬重，祈求龙神的保佑。

黑旗队龙舟在下水与参神时，也有一套特殊的祭祀仪式。浦市黑旗已经消失很久了。90年代一些青年人自发组成的黑旗队，也没有存在几年就解体了。但是，在离浦市十余千米的甲拉坪村，一直是黑旗龙舟。甲腊坪村黑旗龙舟也是当地一只有名望的龙舟。甲腊坪村人都姓向。据他们说，黑神（黑佬儿、黑龙公公、黔王）等，是他们的祖神。他们不仅仅是在上官衙打官司的时候，背着黑神去助威，就是每年划龙船，也必定是带着黑公公一起前往。每次外出扒船，都是去两条船。一条龙船坐的是所有划船手，一条是普通船。普通船上坐的都是家属以及搞后勤的，船上必定还带着黑公公。甲拉坪村中原本有一座庙，叫做伏波大王庙。庙中祀奉白脸、红脸、黑脸三座大神。这正是白帝天王庙。向姓人将神座上第三个神——黑脸神追奉为祖神。这是黑

旗龙舟祭祀中的一大特色。

　　由上可知，浦市龙舟节的祭祀没有一套普适的程序，它们既有结构上的相似，也有内容上的差异。浦市人对神非常敬重，这也造就了浦市多神多庙的景象，对神或英雄人物的祭祀活动也就成为了龙舟节中重要的环节。在"天高皇帝远"的管理真空环境下，浦市人通过祭祀，向神灵表达自己利益诉求，渴望来年风调雨顺、国泰民安，这也是传统农村中人们的精神寄托。从祭祀的对象看来，有的属于本地族群或地区的传统信仰，如代朝山作为浦市人的祖山，是浦市人的根源所在，对代朝山的崇拜则是浦市文化区域的共同信仰。有如对高山帝女的崇拜，也反映了本地族群的文化传统。但是，每个村寨也有各自独特的神灵信仰，如浦溪的龙舟女神，虽然有些村寨也祭祀她们，但他们祭祀的方法与表达的意义远不如浦溪村；每条龙舟在河中沿河祭祀的神或庙也是不同的。还有的则属于在文化融合中进入浦市地区的汉人信仰。如个别红旗队伍祭词中提到的屈原、齐天大圣、观音大士等神，则是在后来汉人统治逐渐深入这一区域，追求民族融合与民族凝聚的结果。

五、挑战极限的竞渡

浦市龙舟赛的魅力就在于它是一项挑战极限的龙舟赛。这是浦市人在几千年的龙舟运动中积累下来的宝贵文化遗产。它通过利用浦市河特殊的结构，及其产生的特殊水流结构，而创造的一项运动。这种充分利用地理条件，创新龙舟竞渡项目，将挑战极限、运动、娱乐、审美、商业、社区凝聚等等要素汇聚在一个运动项目上的发明创造，将中国传统体育推向了一个新的高度。

（一）展示性表演：为亲人表演、为节日表演

浦市扒龙舟并不仅仅限于竞技。浦市人爱龙舟，与其他地方人有很大区别。当龙舟进入赛场之后，他们绝大部分时间并不在竞赛，而是在表演。除了初七与十二这两天竞赛的日子汇集的龙船最多，其他时间大部分龙舟会集结于大码头，少部分龙舟在自己村附近的河里练习。集结于大码头的龙舟在河中反复扒行，主要目的有两个：第一为亲人表演，第二为节日表演。

先说为亲人表演。在大码头的龙舟时常会划到河中间，打一个转，再回到河岸；有的龙舟也会按捺不住找对手赛一场。按照浦市地区的习俗，龙舟

节期间嫁出去的女儿要回来送红，主要集中在五月初七、初八这两天，送的主要是红布与烟酒饮料之类，有的也会直接送现金。有人来送红，都会放一串鞭炮，看到亲人们从四面八方赶回乡看望和支持自己娘家的龙舟，龙舟健儿们便会热血澎湃，以最高昂的斗志和最浩大的声势把龙舟划向河中间打一个转。划船的劲头绝对不亚于比赛。他们这样做，就是让亲人们看到娘家里男性的勇猛，感受到自己娘家龙舟的实力，这一行为传达着他们定当不负众望的决心。

次说为节日表演。这似乎是每一条龙舟的义务。凡是来到浦市河中的龙舟，都会尽自己的能力，在河中划上几圈，热闹赛场，增添节日气氛。在龙舟节期间，两岸观众人山人海，数万双眼睛同时盯着赛场。所有的龙船似乎都非常自觉地为节日表演尽一份责任。大家轮流将船在河中划一两次来回，顺便找一下竞渡对手，也顺便为节日表演，增加赛场热闹气氛。所以，在龙舟节期间，我们可以看到，无论何时，河中都有船在来回表演。

（二）挑战极限之一：激流横渡

1. 做法

激流横渡有两个模式。一个是从浦市大码头这个方向，向江东划。浦市龙舟一般是从大码头岸或者河中间开始，要横穿过湍急且复杂的沅水水流，龙舟抵达江东岸则表示这次横渡的成功。第二个模式方向相反。因为江东也有很多只龙舟，主要是红旗龙舟。这些龙舟为了亲人们送红时方便，他们将旗帜扎在江东。这样，他们的龙船在挑战激流横渡的时候，就得从江东岸出发，横穿激流，划到浦市河的西岸码头边来停靠。

2. 难度

浦市龙舟最直观也是最大的特点就是它竞渡的形式，它不是挟顺流之势划，也不是在一池死水中划，而是横渡沅水，横渡的不是平静流淌的江面。关于端午期间沅水的江面与水流情况前面已加以介绍，期间，浦市河堤下汪洋一片，河水淹没了码头、空地、沙洲。水位暴涨，流量上万，中间的激流水挟此势如万马奔腾不可阻挡，要知道，船头首当其冲进入黑水便会遭到猛烈冲击，船的方向在巨大的冲击下很容易改变，方向一变后就是顺流了，在激流裹挟之下船根本无法控制，只能听任摆布，如果下游有船，撞船就无法避免了；有的时候水流很急，船员使力反抗，就会使船侧翻，接着冲出上百米。单是河流的磅礴其气势就给人巨大的冲击与恐惧感，于我们根本不会有下水去扒船的想法，浦市龙舟却偏偏要在此险恶的环境下进行。龙舟节中后期水位与流量虽有回落，但依旧保持着高于任何其他月份的水位与流量，横渡本身就有很大的难度，雨季使得难度成倍增大。岸边的我们惊叹于浦市人为何有如此胆量，在洪水猛兽不仅毫无惧色，反而愈显兴奋。

3. 技术要求

浦市划船要求队员的姿势优美，动作幅度要一致，做到整齐划一的美感。划船也需要一些技巧，像别的地方划可能就是拿着桨直接划，并没有技术与

美感的规范。浦市龙舟要求一手握住划桨顶端,大拇指放在桨的上面,另一只手就要挨着桨的最宽的那个把子上面。划的时候,按照坐姿的标准坐直,往上提的时候,这个拇指必须要提到鼻梁这个位置,要从人的正中这样笔直插入水中,另一只握柄的手要进水,到这个时候了,手腰同时用力,主要还是靠腰部的力度,用腰甩出去,手挥到后面时必须是直直的。很多人初始的划,腰部的力量不够,单用手的话是过不了河中间黑水的,用腰的话技巧性比较强。

由于本届龙舟是停划二十年后的首次开划,年轻辈的队员多,村寨都提前下水训练,老辈则在岸边指导。在比赛时可以看到,鼓打的急的情况下,两边协调一致的划,犹如水银泻地一般的流畅优美。

按照浦市老辈龙船手的介绍。这样的激流横渡,每个队员需要划出900扒。而静水时,则只需要划出320扒。900扒是什么概念呢?至少要划出1000米以上。不过这比1000米径赛难度要大的多。除了脚手都要用力之外,还要通过腰部的前后运动带动手脚用力。因此,横流竞渡是一项十分消耗体力的运动。比在普通静水区进行扒龙舟要困难的多。而在冲过黑水区的激流时,还要防止被洪水冲翻龙舟的危险。有的年轻队员在此时会表现出紧张,这也是对队员心理素质的考验。因此,挑战激流横渡时,翻船系数相当高。

4.成功与失败

在浦市龙舟中,赢得了龙舟竞赛可以说是成功的,但成功与失败却并不尽是指输了与赢了比赛。在水位暴涨,水流如猛兽的情况下,总有一支龙舟要去尝试,去做一个表率。倘若它能够横压过湍急的河水,抵达江东岸,再返回来,而没有被水流打翻船,这就意味着成功。横渡成功,就给其他龙船提供了一个样板。如果第一条船失败,接着就会有第二船带头挑战激流横渡。总之,这挑战激流横渡也是竞赛中的潜规则之一,谁能带头横渡过汹涌的激流,谁就会获得当天的喝彩,是一个出头亮相的大好机会。因为第一个横渡者,可以探索当天的水性。这会给其他船上的艄公们准确判断水性有很大帮助。

当然,这也是一个非常危险的举动。因为在带头挑战洪流时,总会有船被洪水冲翻。特别是2015年的龙舟赛,新龙舟绝大多数是从外地购进来的。这些龙舟船身很薄很轻,在黑水区很容易被洪水冲翻。龙船一旦被洪水冲翻,只能顺着洪水向下游漂流,等待救援船只,或者船上划手们想法子,慢慢移动漂流方向,等待在下游谋一个位置靠岸。2015年龙舟赛期间,被洪水冲的最远的一只船,一直顺着洪水漂流了5千米左右。后出动备用机帆船相救,才拉回龙舟。如果没有现代救援船只,被洪水冲翻的船也不知道要飘到何处去?

在第一条船横渡汹涌的洪水时,其他龙船上的艄公与划手,都会认真观看。特别是那些新上船的年轻划手们,更会细心琢磨。看看人家龙船是采用什么方式,顺利渡过横流的。成功的经验要吸取,失败的经验也要吸取。而年轻的艄公则会对掌艄加以揣摩,以方便自己在龙船进入黑水区时,通过什么样的技巧达到与船性、水性及人性合一(称三性合一的境界)。如果在横渡时,稍有不慎,被激流推翻,那也就没有了反抗之力,只能被流水冲走,这

就意味着失败。挑战失败对其它龙舟也会有心理上的动摇。

在前面的章节中，我们已经介绍过浦市河洪水季节的水流结构。浦市段上游河面较宽，下游段不仅河面变窄，而且有一个弯道。在平时水量小、水流平缓，并看不出河道对水流的影响，但要是在汛期，随着水量增大几倍，洪水奔腾而下，大径口的水流向小径口时，水的流速也会随之提高，也就形成了江中心部分的那股急流。浦市人将这股急流称作黑水。这是最有冲击力的水，是横渡最大的挑战，能否战胜也是龙舟的技术与力量的最佳体现。

在没有比赛时，龙舟一般不会渡过河中间的黑水，只在河西岸的回流水区域来回表演。或者在河东岸边顺着水流上下扒行。要想横渡湍急的沅水可谓困难重重。要想成功，就需要所有的队员高度配合：艄公技术娴熟、船员团结一致。

对艄公来说，在过黑水时，艄公要将龙舟往上游方向偏一点，水的冲击又会将船往下游方向推，这样两个力一抵消，船员们再使一个一致向前划的力，如此下来就能压过汹涌的黑水。

对于划船的队员来说，此时最重要的是把握好力度，倘若力度没有把握好，船头首当其冲进入黑水便会遭到猛烈冲击，船的方向就向下游了，方向变后就是顺着激流了，这时船根本无法控制，只能听任汹涌而下的水流摆布。如果下游方向有其他龙船，撞船就无法避免了。有的时候水流很急，直接将船就推翻。虽然翻船是浦市龙舟的一部分，虽然观众们也喜欢看这样的热闹，不过翻船就直接证明失败了，这是很让人丧气的事情。翻了船之后，整个船上的船员都紧抓住船舷，只能等待其他船过来救援。如果艄公经验丰富、技术娴熟，龙舟就会安全度过黑水，过了黑水便无大的挑战了，就可以直奔江东岸，夺取胜利了。黑水是横渡中最大的困难，胜负往往也就在这一瞬之间，取胜的关键就在艄公的审时度势与船员的奋勇拼搏。

（三）挑战极限之二：激流竞渡

1. 做法

横渡江面是浦市龙舟最基础也是最精彩的一个环节，浦市人将横渡与竞赛结合起来，创造了令人血脉喷张的龙舟竞赛。两支或者几支不同旗色的龙舟相约竞赛，率先抵达江东岸跳槽者胜。那么，这个竞渡是如何组织起来的？由谁来裁判？在这几个问题上，可以说，浦市龙舟创造了一系列各龙舟之间自己组织、自己裁判输赢的规则体系。来浦市参加激流横渡，就要遵循浦市人发明的这一套规则。否则，就没有办法参加竞渡。只能在浦市河中参加表演。下面介绍一下旗色相同的龙舟、旗色不同的龙舟之间不同的比赛规则。

2. 同旗色龙舟竞渡：试船而不决输赢

浦市，以前是一个商业的交汇点，五湖四海的人聚集于此，是一个文化的综合体，所以浦市的文化具有很强的包容性。龙舟竞技对旗色与竞赛有约定俗成的规矩，就是白旗不能跟白旗比，红旗也不能跟红旗比，黄旗可以和白旗和红旗比，也就是说同颜色旗内部之间不能竞技。两条同颜色旗可以试船，但不叫比赛，它不打旗、不跳槽。什么叫不打旗、不跳槽？就是说，双

方在竞渡横流时,划旗手上的旗帜不打开、更不能挥舞。先到达终点的龙船,头槽绝对不能跳槽。没有打旗表示没有正规比赛。没有跳槽,表示没有决出输赢。如果出现特殊情况,比如三条船竞技,两条同颜色的,一条不同的,两条同颜色的自然就是一边的,对手是另一条船,如果说那条异颜色旗的船沉水了,或者出现其他情况,无法比赛了,就只剩两条同颜色旗。他们依旧会竞技过去,像正常的竞技一样,但是到岸以后,不能跳槽,因为按照浦市龙舟的习惯,跳槽是胜利的信号。到河对岸后,赢得船马上就掉头回来,心里面清楚就行了。

3. 不同旗色龙舟之间竞渡:约战与应战

浦市龙舟是历史传承下来、民间自发组织的风俗,保持着随性嬉戏、自由竞技的习惯。浦市段的沅水水流非常复杂,最具有意义的是河流中间的黑水即是最湍急的水。浦市各村寨龙舟下水之后,并不都聚集在大码头,只有在初七与十二来的船最多,其他时间很多龙舟都在自己村附近的河面上练习。聚集在浦市大码头的龙舟,时而为送红的子女表演,时而停靠岸边休息,同时他们也在寻找与自己竞赛的对手。在约战之前,早已对对手做了一番观察,并做了一个概念上的优劣与胜负的评估,如果觉得毫无胜算的话,就根本不会主动去约战。在岸边的船,如果想与某个不同旗色的对手一战,头人则会主动去联系,如果约战成功,双方则从河岸出发,开始竞赛。但这种情况很少发生。绝大多数的竞渡,需要通过很多办法,才能最终约战成功。

紧鼓。在河中打转的龙船,主要在回水区来回划动。这样做的目的,一

五、挑战极限的竞渡

龙舟横渡

是为节日为亲人们表演；另一面就是寻找对手。在寻找对手时，龙船不会越过黑水。一旦在河中寻到对手，旗手就会指令着鼓手用鼓声来发出比赛邀请。怎么邀请？鼓手会朝着对手龙船，逐步紧鼓。这是向对手发出一个咨询信号，意思就是问你要不要比过去？对方如果不应，就不会用鼓声回应，接着就掉头离开；如果对方鼓手也相应紧鼓，那就说明双方有意思了。

龙头举桡片与划旗收旗。双方鼓手紧鼓之后，龙头就必须将桡片垂直举起来。划旗手将旗帜收在胸前，不能挥动。划旗与龙头的共同职责就是紧紧地盯着双方船只的位置，判断双方的处境优劣。此时，龙头就会观察要比赛

的船是否在差不多的起点上，相差太多就会调整。双方可以在回水区反复来回，以便确定双方是否处于公平的起点上。只有双方确定基本公平之后，才有下一步：龙头桡片下水。这个过程也许会很长，要经过多次反复，才终于使的双方都感觉自己处于有利位置，并下定决心一决雌雄。有时候，这样的位置来回调整，要花上几个小时。甚至在几个小时后，一方或双方同时放弃了竞渡。

龙头桡片下水。差不多在同一起跑线或处于差不多的竞渡状态时，而且确认本船队员都处于最好状态时，头槽就必须及时将桡片下水。全船划手看到头槽桡片下水，知道将进行决赛的时机接近了。大家必须加快划船，力争取得优势。但是，此时的划旗还是不能挥旗。划旗的旗帜一旦挥出，就没有反悔的机会，必须将竞渡进行到底。此时还不是最后决定。一旦一方感觉自己处于不利状态，他们还可以放弃竞渡，将船调转方向，返回原地。比赛自动终止。

划旗倒旗。龙头桡片下水，既是提示船头处于有利位置了，可以加紧向前划船了，也是将信息反馈给旗手，提醒旗手接着进行判断。只要划旗旗帜不倒，即划旗不用旗帜指挥划船，无论龙舟过没过黑水，结果都不作数，就是说，答应之后还是可以反悔的。只要划旗倒旗之后，龙舟就不能后悔了，只能向前冲，旗手挥旗的频率加大，鼓声愈来愈激励，龙舟如箭一般划向江对岸。先到江东岸边的船，头槽划手就可以跳下水去，表示自己的船取得了胜利。这就是最后一步：跳槽。

五、挑战极限的竞渡

红旗白旗龙舟竞渡

4．一决胜负：跳槽

浦市龙舟赛没有绝对平等的起跑线和终点线。两条船相距数十米，远者甚至相距上百米，起跑线是否差不多靠的是龙头与划旗两人的眼力来观察。而终点则是江东河岸，由于河岸是弯曲的，也并不是完全平等的。浦市龙舟以自己独特的方式来判定胜负，龙舟竞赛一抵达江东河岸，头槽五人就必须不失时机的跳下水去，先跳的为胜。这一步的专用名词叫跳槽。为什么浦市龙舟要以跳水为准定输赢呢？这有多个原因。

85

第一，因为沅水宽阔，尤其是端午期间，水位涨了四五米，河面更宽，观众主要集中在浦市西边河岸，距离与角度让他们无法看清谁先到达。跳水的时候，他们能清楚看到那个龙头跳水溅起的水花，因为跳下去的力度很大，水花高高溅起，观众就能做出判断了，哪怕是差距极小都看的出，先跳与后跳一下子就清晰可见了；江东岸河滩都是草，不是石头，跳水不会对他们造成伤害。因此都是以跳水为准定输赢。接下来，赢的一方会马上把船头调过来，再扒回大码头这侧。输的一方，有的可能就要在对岸休息一下。

第二，跳槽还有一个测试功能。因为龙舟赛处于洪水季节。但每只龙船近岸时的环境会有一些出入。有的在浅水区，有的可能靠近了一个较深的水区。龙舟无法最终撞击岸边。怎么判断双方的输赢呢？只有通过跳槽来判断。只要认为自己的龙船已经到岸，那就可以跳下船。那人们会疑问：如果一只船早早就提前跳了，怎么判断输赢呢？提前跳槽，是很危险的。跳下去的人很可能被洪水冲到下游去了。必须在靠近岸边时，跳下去才有安全保障。

跳水也是有技巧的，跳水就不能从船下面跳，要从船的右边也就是上游方向跳，因为此时的江水非常团急，往下游跳，会被冲走。跳槽还不能跳得太早，因为是洪水季节，跳得太早，会被洪水卷走。所以，龙船最前面的五位头槽划手，会自己判断最安全的跳槽时机。

但并不是每次跳槽都能决出胜负的。因为很多时候双方相距较远，也许同时跳下去。这个时候，就很难判断到底是谁赢谁输了。双方都宣示自己赢船了。这样就会闹出矛盾，双方也许会争论，甚至打架。常常是船上的人还没有打起来，岸上的观众会打起来了。

5．成功者的专利：示威

赢的一方在返回的时候，会在河中间打一个转。这时，岸边的龙舟队员或族人就会放烟花庆祝胜利。十几年以前，浦市人觉得放鞭炮声音不够响亮，就放铁炮。现在有了礼炮，其声响效果比旧式礼炮威力还要大，大家就放礼炮庆贺。按照浦市人的传统，赢了龙船的一方，龙头（头槽）还会在船头做一些敬神或者表演动作，表示对对手的一种炫耀。有时候，赢船的一方，也许兴奋过头，头槽就会脱下短裤，举在桡片上挥舞，向输船的一方示威。甚至用屁股对着对方表示示威。这样很容易激发对手。两只龙船上的对手，加上在岸上看船的亲朋，相互之间就很容易打架。浦市人有一句俗话：浦市龙舟赛年年打架，打的头破血流。唯有民国时期的某一年没有出现打群架事件。因为那一年的团防局长在大码头上架了一挺机枪，声明：谁打架，就用机枪绞杀。那一年没有人敢闹事。但是第二年的龙舟赛，又打群架如故。现在大多是年轻人在扒龙船，出于人际关系的考虑，这些动作已经慢慢没有了。2015 年前后有四五条龙船在浦市河段参加竞渡，没有出现一次打架事件。值得敬佩的是，当一只白旗龙舟被洪水冲翻之后，第一个赶上去救援的，还是他的对手，红旗龙舟！

浦市人之所以如此重视龙舟胜负的结果，是因为一旦今年输了，那么接下来的一年在街上或者茶馆见到赢家都会自觉羞愧，抬不起头，赢家也会有意的提及比赛结果，严重的导致双方大打出手。而有的人为了避免这些麻烦，可以做到一年不上街喝茶。

（四）小结

浦市龙舟赛，有三大特点，堪称极限。

第一，这是浦市人的独特发明。我们对世界上各地龙舟赛进行反复观察，这横渡激流，还只是浦市一家人的独门运动。其他任何地方龙舟，包括以汨罗为代表的的洞庭湖区的龙舟，宜昌为代表的长江上的龙舟，沅陵的龙舟，麻阳的龙舟，珠江三角洲的龙舟等等，都是在静水区划定航道，相互竞争。以先到终点者为胜。只有浦市人敢于并热衷于通过挑战极限——激流横渡、激流跳槽等等多种方式来展示龙舟赛的无穷魅力。

第二，浦市龙舟赛发展出了世界上最为复杂的团队协作精神。龙舟上少则18对槽，多则24对槽。船上队员少则40人，多则53人。这么庞大的队员团体必须非常好的协作，才能完成这一系列挑战极限的激流竞渡。

第三，浦市龙舟赛因其挑战极限的运动，创造了自成体系的龙舟文化。浦市龙舟赛不仅仅是惊险刺激，而且故事很多，文化内涵丰富，是我们当前文化创新的重大资源。对这些文化资源，我们将在下一章做一些粗略介绍。

浦市龙舟赛是浦市文化圈中的各族群众对中华水上竞技文化所做的重要贡献。有人说，这是浦市古镇的文化贡献。这话说的过于狭窄了一些。应该说，这是浦市文化圈各族群众的共同贡献。站在今天的角度来说，这里是泸溪与辰溪两个县的群众共同创造的文化。在这里，我们使用了一个简洁的名词——浦市极限龙舟赛来反映浦市龙舟赛的文化魅力。因此，我们应该向这个文化圈中的群众表示敬意！

六、龙舟赛文化

几千年来，通过地方政府的引导与商人们的介入，加上龙船手们不断创新，浦市龙舟赛演绎出了丰富的龙舟文化。浦市龙舟文化丰富了中国传统文化，在文化史上具有十分鲜明的特点，可以肯定，浦市龙舟文化是中国古代商业伦理的最高境界之一。

（一）龙船队旗

浦市龙舟，既有队旗，又有指挥旗。很多人到了浦市，看不懂浦市龙舟，原因是多方面的。除了前面介绍的各种竞技方式，让外界看不懂以外，这队旗与旗色，也是两个诀窍。

我们简单介绍一下队旗。浦市每一条龙舟都会有一面大旗，挂在高高的竹竿上，旗上画有龙，写着龙舟所属的村组或组织名称，有的还会写上为龙舟起的名字或一些鼓励词。旗子的颜色是没有规定的，可以随意采用，这就

是队旗。每个队的队旗都不相同，式样也会随着头人们的兴趣爱好或支持组织的特色发生一些变化。特别是现代工艺技术与审美的改进，每个队为了让自己的队旗引人注目，都尽量将自己的队旗搞的有个性有特色。每年竞赛时，队旗都有可能发生一些改进。

（二）龙船旗色及其来历

除了队旗外，浦市龙舟十分注重旗色，十分讲究分旗色。所谓旗色，就是龙船上指挥人员手中所挥舞的旗帜。这个指挥人员的标准名称叫"划旗"或"旗手"。划旗手中所持的、用来指挥龙舟进退的旗帜的颜色，就是这艘龙船的旗色。旗色是有一根木棍的方布，握在旗手手中，比赛时，旗手挥舞旗子指挥龙舟。旗色不能随意更改和变换，这是从老祖宗那里流传继承下来的。旗色代表着龙舟或者村组所属的阵营。我们在前面已经介绍过，传统的龙舟旗色只有红、白、黑三色。现在则演绎出一些黄旗、蓝旗等新的旗色。

1. 红、白旗龙舟起源

浦市地区的龙舟分为白旗、红旗、黄旗、黑旗和五色旗。扒龙舟为什么会有分为不同旗的阵营呢？我们总结我们所有的调查资料发现，白旗和红旗是浦市地区历史最悠久的，是浦市人民口中老祖宗流传下来的旗；黄旗、黑旗与五色旗是后来加入的旗，关于这三者来源的说法也大体相似，这些是浦市人民普遍认可的。其主要问题在于红白二旗的来源。但由于年代已相当久

5. 成功者的专利：示威

赢的　方在返回的时候，会在河中间打一个转。这时，岸边的龙舟队员或族人就会放烟花庆祝胜利。十几年以前，浦市人觉得放鞭炮声音不够响亮，就放铁炮。现在有了礼炮，其声响效果比旧式礼炮威力还要大，大家就放礼炮庆贺。按照浦市人的传统，赢了龙船的一方，龙头（头槽）还会在船头做一些敬神或者表演动作，表示对对手的一种炫耀。有时候，赢船的一方，也许兴奋过头，头槽就会脱下短裤，举在桡片上挥舞，向输船的一方示威。甚至用屁股对着对方表示示威。这样很容易激发对手。两只龙船上的对手，加上在岸上看船的亲朋，相互之间就很容易打架。浦市人有一句俗话：浦市龙舟赛年年打架，打的头破血流。唯有民国时期的某一年没有出现打群架事件。因为那一年的团防局长在大码头上架了一挺机枪，声明：谁打架，就用机枪绞杀。那一年没有人敢闹事。但是第二年的龙舟赛，又打群架如故。现在大多是年轻人在扒龙船，出于人际关系的考虑，这些动作已经慢慢没有了。2015 年前后有四五条龙船在浦市河段参加竞渡，没有出现一次打架事件。值得敬佩的是，当一只白旗龙舟被洪水冲翻之后，第一个赶上去救援的，还是他的对手，红旗龙舟！

浦市人之所以如此重视龙舟胜负的结果，是因为一旦今年输了，那么接下来的一年在街上或者茶馆见到赢家都会自觉羞愧，抬不起头，赢家也会有意的提及比赛结果，严重的导致双方大打出手。而有的人为了避免这些麻烦，可以做到一年不上街喝茶。

（四）小结

浦市龙舟赛，有三大特点，堪称极限。

第一，这是浦市人的独特发明。我们对世界上各地龙舟赛进行反复观察，这横渡激流，还只是浦市一家人的独门运动。其他任何地方龙舟，包括以汨罗为代表的的洞庭湖区的龙舟，宜昌为代表的长江上的龙舟，沅陵的龙舟，麻阳的龙舟，珠江三角洲的龙舟等等，都是在静水区划定航道，相互竞争。以先到终点者为胜。只有浦市人敢于并热衷于通过挑战极限——激流横渡、激流跳槽等等多种方式来展示龙舟赛的无穷魅力。

第二，浦市龙舟赛发展出了世界上最为复杂的团队协作精神。龙舟上少则18对槽，多则24对槽。船上队员少则40人，多则53人。这么庞大的队员团体必须非常好的协作，才能完成这一系列挑战极限的激流竞渡。

第三，浦市龙舟赛因其挑战极限的运动，创造了自成体系的龙舟文化。浦市龙舟赛不仅仅是惊险刺激，而且故事很多，文化内涵丰富，是我们当前文化创新的重大资源。对这些文化资源，我们将在下一章做一些粗略介绍。

浦市龙舟赛是浦市文化圈中的各族群众对中华水上竞技文化所做的重要贡献。有人说，这是浦市古镇的文化贡献。这话说的过于狭窄了一些。应该说，这是浦市文化圈各族群众的共同贡献。站在今天的角度来说，这里是泸溪与辰溪两个县的群众共同创造的文化。在这里，我们使用了一个简洁的名词——浦市极限龙舟赛来反映浦市龙舟赛的文化魅力。因此，我们应该向这个文化圈中的群众表示敬意！

六、龙舟赛文化

几千年来，通过地方政府的引导与商人们的介入，加上龙船手们不断创新，浦市龙舟赛演绎出了丰富的龙舟文化。浦市龙舟文化丰富了中国传统文化，在文化史上具有十分鲜明的特点，可以肯定，浦市龙舟文化是中国古代商业伦理的最高境界之一。

（一）龙船队旗

浦市龙舟，既有队旗，又有指挥旗。很多人到了浦市，看不懂浦市龙舟，原因是多方面的。除了前面介绍的各种竞技方式，让外界看不懂以外，这队旗与旗色，也是两个诀窍。

我们简单介绍一下队旗。浦市每一条龙舟都会有一面大旗，挂在高高的竹竿上，旗上画有龙，写着龙舟所属的村组或组织名称，有的还会写上为龙舟起的名字或一些鼓励词。旗子的颜色是没有规定的，可以随意采用，这就

是队旗。每个队的队旗都不相同，式样也会随着头人们的兴趣爱好或支持组织的特色发生一些变化。特别是现代工艺技术与审美的改进，每个队为了让自己的队旗引人注目，都尽量将自己的队旗搞的有个性有特色。每年竞赛时，队旗都有可能发生一些改进。

（二）龙船旗色及其来历

除了队旗外，浦市龙舟十分注重旗色，十分讲究分旗色。所谓旗色，就是龙船上指挥人员手中所挥舞的旗帜。这个指挥人员的标准名称叫"划旗"或"旗手"。划旗手中所持的、用来指挥龙舟进退的旗帜的颜色，就是这艘龙船的旗色。旗色是有一根木棍的方布，握在旗手手中，比赛时，旗手挥舞旗子指挥龙舟。旗色不能随意更改和变换，这是从老祖宗那里流传继承下来的。旗色代表着龙舟或者村组所属的阵营。我们在前面已经介绍过，传统的龙舟旗色只有红、白、黑三色。现在则演绎出一些黄旗、蓝旗等新的旗色。

1．红、白旗龙舟起源

浦市地区的龙舟分为白旗、红旗、黄旗、黑旗和五色旗。扒龙舟为什么会有分为不同旗的阵营呢？我们总结我们所有的调查资料发现，白旗和红旗是浦市地区历史最悠久的，是浦市人民口中老祖宗流传下来的旗；黄旗、黑旗与五色旗是后来加入的旗，关于这三者来源的说法也大体相似，这些是浦市人民普遍认可的。其主要问题在于红白二旗的来源。但由于年代已相当久

六、龙舟赛文化

白旗龙舟

远，谁也无法指明其真正缘来，以下是几种关于红白旗来源的不同说法。

第一种说法，浦市地区古属楚地，南宋以前，以沅水为界，江东地区主要是汉人居住，浦市一岸主要是少数民族居住。当年，屈原溯沅水而上，乘船经过浦市，在浦市下湾发现一片住地，被此地淳朴民风和巫傩文化深深吸引，屈原便在此居住下来。当屈原回到汨罗，投江自尽以后，楚国人民和楚国文人为了纪念他，每一年的那天都会在江中划船，投粽子，让鱼不吃他的身体。属楚地的浦市同样是此种方式，起初划船纪念的只限是一些文人，他们划着小船，抛洒粽子，吟诗纪念。后来沅水两岸的老百姓渐渐加入了划船的队伍，参加的人越来越多。人多船多之后，就需要加以区分。江东的汉人一直惯于用红色，汉人王朝的旗帜和军旗都喜好用红色，因此就用红旗来作

红旗龙舟

为船的标志。对岸的少数民族则是与汉人相对,因此就采用白旗。

第二种说法是浦市以前由沅陵和泸溪二县分辖,按县管地区定旗色,沅陵县所管辖的村寨属红旗,泸溪县所管辖的村寨属白旗。具体地域是浦市下湾以下村寨划分为红旗,浦溪以上及江东岸属红旗。浦市镇后及浦溪沿溪两岸村寨属白旗。如上面所解释的,这是后期形成的,并不就是红白旗的起源。因为在河西岸的辰溪县还有好几只龙船是白旗。如军田、杨镐等龙舟。

第三种说法,沿着沅水主河道的村寨打的是红旗,沿着沅水支流的村寨则是打白旗。这种说法也只是后人的一种猜测,缺乏根据。

第四种说法,浦市龙舟旗色的由来,与浦市文化圈中各族群众对白帝天王的信仰有关。白帝天王一直以来都是浦市文化圈中的最高神,由白、红、黑三神组成，其中白神形成最早也是三者中最权威的神，红神第二，黑神第三。浦市龙舟产生之后，村民们便按自己村组祭祀的神的颜色来安排龙舟的旗色。我们认为这种说法是可信的，在浦市这边，龙舟旗色分布与行政区划是有契合的，因此有人误以为行政区域的界线就是旗色的起源，属于一个县的，就采用同一颜色，而另一县，为了表示区别，就用另一种颜色。但如果往白沙方向走，我们会发现许多红白旗龙舟村落，红白旗并不只存在于浦市文化圈。根据我们田野调查的发现，白沙村、流家滩、侯家、汀流使用白旗；岩头河、屈望、杉木溪、红土溪、岩壳滩、金甲、铁柱潭、麻溪口、辛女溪使用红旗。甲腊坪、武溪镇使用黑旗。这些白、红、黑旗的分布并不与行政界线重合，是交互掺杂着分布的。从白沙镇甲腊坪村向红甲（老龙船手）那里了解到，历史上，因为他们村祭祀的是黑神，划龙舟时有一只船专门用来装黑神与家属，他们称之为黑佬儿。甚至在浦市镇银井冲邓氏族谱上也记载着他们祖先信奉黑神。这位黑神就是白帝天王中的黑神。如今之所以银井冲是白旗，是在发展过程中依附于强队而演变，逐步形成了白旗认同。再加之后期行政区划调整，形成了浦市地区的这种重合，但并不是说红白旗就是起源于行政区划。因此我们认为，浦市龙舟旗色就是起源于浦市文化圈对白帝天王神的信仰。后来由于行政区划的原因，也就是说，由于地方行政力量的介入，白旗与红旗龙舟就逐步按照行政区划的范围逐步整合，并最终形成了现在的局面：白旗龙舟主要集中在清代泸溪县所管辖的地域；红旗主要集中于清代沅陵县所管辖的区域。

当然，现在的旗色结构还不是最终的结局。旗色还在演变。花园坪黄旗

浦市印象队旗

白岩头龙舟队队旗

龙舟的诞生、杨家村龙舟由白旗改为蓝旗，都向我们展示了龙舟旗色还在演变。导致其演变的力量，已经与传统的行政区划归属感没有关系，而是由社区利益、现代审美与伦理等等因素决定。因此，我们可以用一句话来概括浦市文化圈中龙舟旗色：起源于白帝天王中的白、红、黑三神，流变于地方行政权力与社区归属感。

以上的说法是我们在田野过程中收集到的所有关于龙舟旗色来源的说法。孰是孰非，我们现在的结论绝不是定论，这是一个深远的文化问题，值得我们进一步去深入考证。

2. 黄旗龙舟起源

"文化大革命"时期，龙舟被当做"四旧"，给予封禁。1979 年浦市地区龙舟又纷纷下水。在众多龙舟中，诞生了一支黄旗，这支黄旗龙舟是浦市建筑工程公司的。由于红白旗都早已约定好了，后面加入的龙舟是不方便参加红白旗中的任何一方，因此采用其他颜色。这就是当时黄旗龙舟的起源。

花园坪村是一个自然村，属于麻溪口行政村下的一个组。今天，整个浦市地区只有花园坪的龙舟打黄旗。以前花园坪由于人口少，没有独立的龙舟，通过与下湾等村组的人合作组织扒龙舟。在 90 年代末期，与其他村寨分离之后，花园坪杨再兴等人就建立了自己组的龙舟队，由于不愿意受到同颜色旗龙舟之间不能比赛的限制，杨再兴等人就决定使用黄旗。此后沅水江面就出现了黄旗龙舟队，它可以和其他旗的任何龙舟竞赛。在黄旗龙舟成立至今的十几年里，中间有七八年由于青年人口外出务工而没有扒过龙舟，近两年又慢慢恢复了。黄旗龙舟的帅旗上写着"黄龙神舟"四个大字。在他们看来，龙舟就是村子里的守护神，守护村人的健康平安。

因此，我们认为最早用黄旗是建筑工程公司，后来公司倒闭了，黄旗也就没用了，花园坪后来创建龙舟队就使用黄旗。

3. 蓝旗龙舟起源

蓝旗龙舟是辰溪县杨家村的龙舟，此龙舟原系白旗。后来因为老与邻近

花园坪黄龙神舟队旗

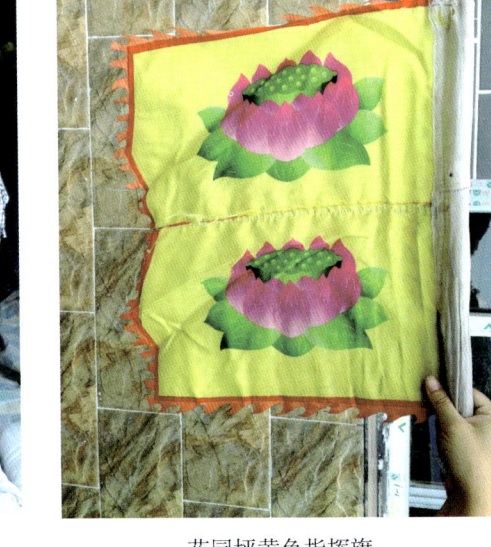
花园坪黄色指挥旗

的红旗龙舟产生矛盾。经过村民合议，就将自己的龙舟改成蓝旗了。当然这种说法只是后人的追忆。几年前到底为何要将这只白旗龙舟改为蓝旗，其中的缘由还需要深入调查。

（三）赢船与输船

胜败乃兵家常事，这是对失败者的一种安慰，希望败者看轻失败，鼓起勇气迎接下次挑战。而在浦市，输赢都在他们心中打下深深的印记，不会轻

六、龙舟赛文化

易看淡。记得麻溪口头人说过，浦市龙舟自古以来都是民间自发组织，不需要政府来组织，龙舟相关事宜民间都能处理好，他们不需要设立奖金机制，浦市人扒龙舟追求的不是奖金，而是一种荣誉，一种属于胜利者的尊重与荣誉。一次胜利可以让全村寨的人昂首挺胸走在街道上，而败者村寨的每一个人的内心总会有一丝的羞愧感。外来的人也许疑惑输赢真的有那么重要吗？那是他对浦市文化和浦市人不够了解，浦市人极其重视在龙舟比赛中的胜负，龙舟节期间村寨中的每个人都为龙舟投入了时间、精力和金钱，只为博得一胜。龙舟的胜利不仅属于队员，也属于整个村寨，更代表的是整个阵营。龙舟获胜，河岸观众站起来尽情欢呼，这里面不仅有来自本村寨的还有同颜色旗其他村寨的，鞭炮烟花源源不断送到河边燃放处，炮声响彻天际，烟雾弥漫江面，这是对龙舟健儿们努力拼搏的褒奖，也代表着全村寨人内心爆发出的激动、喜悦与自豪。凯旋之后，队员们会接到子女们送的烟、饮料。当我登上当江州寻访造龙舟的老师傅时，一位叫史文珍的热心阿姨给我们带路，在寻访的路上，我询问关于制船老人和关于制船的事时，阿姨表现得很热心，表情轻松愉快，当我问到今年你们这里是否扒龙舟是，阿姨的表情忽的凝重了，语气也变了，带着一种惭愧感。原来今年当江州扒龙舟输了。虽然龙舟对女性有很多禁忌，不能直接接触龙舟，但龙舟的影响还是深入到了她们的骨子里。不以物喜，不以己悲在浦市人与龙舟这里似乎很难实现。龙舟并不尽是男人们的游戏，龙舟承载的是一个村的期望，胜负也牵动着村寨男女老少的心，甚至是早已出嫁的女儿。在胜利者面前他们会有所惭愧。浦市古镇是周围村落的经济和娱乐中心，镇上的茶馆是周围村落的人休闲娱乐的地方，

因此各村的人在此集聚，输家赢家在此抬头不见低头见。龙舟又是茶馆热门且持久的话题，能够延续大半年。输的人看到赢家在谈论龙舟如何如何，有的会默默走开，有的则会大打出手。再看家庭，如果夫妻双方来自不同旗色阵营，输赢结果则会引起夫妻矛盾、郎舅矛盾等。但是一旦过了龙舟节这段时间，家庭则马上会恢复平静。当你在浦市镇呆久了，你就会发现这类事情并不是特殊事件，而是非常普遍的。我们在调查中听说以前这里扒龙舟经常打架，而且打的是大架，一个村和一个村打，甚至发展到红、白旗之间的整体对抗。表面原因是对胜负结果的不认同，深层原因就是浦市人高度的荣誉感。因为两支船之间只有极小的差距，非常难做出判断，导致双方都不愿意承认自己是输家，再加之船员们的性格原因，矛盾就产生了，并升级到打架，在浦市扒龙舟的传统中，旗色相同的村寨之间即使不认识也要相互帮忙，不仅是船员之间的帮忙、岸边观众也会参与其中。最终就发展成集体斗殴事件。听当地人讲打架的事情以前是经常发生的，这种集体大规模的打架也发生过，近几年就没有发生过了。

　　浦市龙舟竞赛是经过慎重分析之后才会开始比的，并不是说想比就比，在对比过双方优劣之后，比赛才有可能进行。输赢结果也是非常重要。输的那方肯定想再赛以扳回颜面，但一个巴掌拍不响，对方不同意比赛也是没辙。因此，有的村寨赢过一次之后就不会再与那方比赛了，有的持续几十年，就是说过来几十年赢家都还可以说，你扒龙舟输给了他们村，如此对输船村里的人是一种极大的心里伤害。输赢在一线之间，一边是天使一边是魔鬼，人人都有赢的渴望，只是浦市人更加热爱。胜负的结果属于个人，属于村寨，

六、龙舟赛文化

也属于同一阵营,这也反应着浦市人的集体精神。时代在变,观念在变,很多老人说到,现在比赛次数多了,年轻人不再那么看重输赢了,更不会因此大打出手了。

(四)传说与禁忌

1. 传说

龙舟女神的传说

龙舟在浦市人心中的地位是非常高的,每个村寨都非常重视龙舟的输赢。相传,从前浦溪村扒龙舟年年输,那一年浦溪龙舟比赛还是输了,某家有两姐妹就在家里哭诉着,浦溪的男人怎么这么不争气啊,总是扒不赢,可惜我们是女儿身。有一年村中一对有沉鱼落雁之美的曾氏大姑娘二姑娘两姐妹,假扮成男划手,坐于船头。当全体龙舟在做最后冲刺之时,看看她们的龙舟又将落败的瞬间,这对姐妹突然裸体站立船头。齐腰的长发随江风飘扬,美丽的酮体映亮了端午节的洪水。这一刻,这个瞬间,所有龙舟上的健儿都停下了手中的桡片,所有两岸数万鼓劲的人群,都停住了欢呼!数万双眼睛,都望向了龙舟上那一对裸身的美丽姐妹!端午节喧嚣的沅水静下来了,整个沅水,只剩下那对姐妹龙舟上的健儿们的奋力划桨声!就在大家都被姐妹的美丽镇住的瞬间,她们的龙舟划过了终点,取得了冠军。也就在这一刻,她们的船头升起一缕黄烟,姐妹不见了。当然,对于两位姑娘当时到底是处于一种什么情况,浦市老人们的说法各式各样。有的说,是两姐妹的头巾脱了,

2015年龙舟赛选拔的龙舟女神代表

暴露了女儿身。也有的说，是两姐妹的衣服被水打湿了，湿衣服将两姐妹的乳房显露无遗，暴露了她们的女儿身。无论如何，两姐妹的女儿身暴露了。最终两位姑娘命运如何呢？在传统观念的社会里，她们知道会受到很多的批评与指责，于是在龙舟返回的时候，她们俩就跳江自杀了，之后江面升起了一缕黄烟。从此之后，在两位姑娘跳江的地方，浦溪龙舟每年都会在那里放黄烟祭祀她们。浦市人尤其是浦溪村的人认为，那两个姑娘是上天派下来的女神，帮助他们龙舟获胜的。这故事在浦市流传至今，人人皆知，浦溪龙船

六、龙舟赛文化

浦溪龙舟放黄烟

每年龙舟节祭祀时，都会祭祀大姑娘二姑娘两位女神。一方面通过参神时，划旗口中念着："大姑娘二姑年请上花船，保佑浦溪子弟头头得赢头头得胜"。

另一方面通过放黄烟祭祀，浦溪的船从浦溪口出来时都会放黄烟。浦溪龙舟让人印象深刻地方就是他的船尾会放黄烟，犹如一条黄丝带飘舞在空中。放黄烟仪式从浦溪口开始，到大码头止。一出浦溪口船尾的人就会点燃黄烟，沿着在沅水参神的路线，一直到中庵，再回到大码头，这一路上都要放黄烟。大码头的人只要看到黄烟，就会知道是浦溪的船来了。以前黄烟是本村人自己制作，如今制作配方已经失传，制作黄烟的风险非常大，一旦分量比例不对，就会发生爆炸，因此在没有配方的情况下，现在没有人敢去摸索制作黄烟。2015年的黄烟是从外面购入的，但购入的黄烟在烟的大小及持续时间上还是没有以前黄烟的效果。

龙舟女神显灵

浦市扒龙舟，受到河流的冲击，翻船是很正常，有的甚至被冲到几百米

101

外。除了翻船以外，还有一种沉船现象。特别是年轻划手们，由于没有经验，常常会将大量水带进船舱。船舱水满之后，船就很容易沉入水中。这个时候，当地一些百姓就会说，这是龙舟女神显灵了。女神显灵时，船并不会翻，而是慢慢下沉，淹没到队员脖子处就不会再下沉了。因为女神要与这些龙舟健儿们戏耍一回罢了。戏耍够了，她自然会将龙船托出水面。浦市龙舟早已习惯了这样的场面，沉下去的时候，所有的队员都稳坐原位，不要乱动，更不要跳离龙舟。大家把桨平拿在手上，一定不能跳船，任由这个水淹。因为他们非常了解，附近的龙舟都会过来帮忙，不管是红旗还是白旗还是其他旗，都会过来帮助他们。救得时候，不是说把每个人都拉倒他们船上来，而是由龙头扶着桨，把沉的龙舟拉倒河岸边。因此浦市龙舟队员从来不担心自己会被水淹死。沉船的时候，只要你不离船的话，水最多淹到脖颈这个位置，不会再沉下去，这个是一个非常奇怪的现象。老百姓不理解其中的道理，便编造出龙舟女神显灵的故事。并说，谁家的船被女神看中，出现沉船现象，就说明他今年要发大财了。

　　女神显灵的故事反映了浦市人的豪迈性格与神的敬仰。说其豪迈，因为面对洪水中的沉船事故，他们毫无惊慌失措的表现。没有把这种事故说成事故，反而说成是女神眷顾的原因。这就更加增添了浦市人藐视灾难的勇气。说其对女神的敬仰，是因为河中河神很多，包括被历代文人宣扬的屈原大夫、马援将军等等。但是，浦市人独爱龙舟女神。将这些危险的沉船事件与一个美丽的女神显灵故事联系在一起。将事情完全向着好的方向联想。

六、龙舟赛文化

龙舟女神显灵

2. 禁忌

浦市所有人都清楚女人是不能触摸龙舟的，更别说是去扒龙舟。当问到原因时，绝大多数人是不清楚的，这是老祖宗定下来的规矩，他们后人只能听从，不能随意改变。也有少数人认为这是古代社会男尊女卑思想的遗留，女人是不吉利的，龙舟是神圣之物，女人当然不能触碰。

浦溪、麻溪口、毛家滩，农历五月十三不扒龙舟，究其原因，他们也只能回答是祖宗遗留，但据麻溪口头人解释，一般是因为在禁的这天出过大事，造成了人员的伤亡，觉得不吉利，所以停划一天。其他的如土桥溪逢三六九不扒龙舟。

（五）龙舟节送红

1. 子女送红

按浦市扒龙舟的习俗，龙舟节期间，那些嫁到外面的子女，陆陆续续都要赶回浦市送红，什么是送红呢？就是回娘家送一些礼，主要是鞭炮、烟花与红布，以表示鼓励和支持娘家人的龙舟。以前生活条件差的时候，就带一点油、米或者菜之类的来送红，现在一般都是鞭炮、烟花、饮料、烟与红布，还有的直接送现金。送红最主要的就是红，红就是红色的布带，红代表嫁出去的女儿的一种期望，红布会发给龙舟队员们，绑在额头或者腰上。一个人可以只给家里兄弟或者父亲送，也可以给一船人送红。送红的地点在每个村寨龙舟帅旗下，头人在那里签收与登记送过去的礼，头人再将这些红或者礼物分配下去。头人则会安排招待回来送红的女儿们，以示一种感谢。送红已经是浦市地区根深蒂固的礼仪习俗了，只要是从浦市嫁出去的女儿，只要她还健在，无论是二十岁的青年，还是八十岁的老太太，都会回乡送红。很多人过年还不一定回来，这次借划龙舟这个机会，回一趟娘家，很多嫁出去的子女，都是从深圳、上海等沿海地区赶过来。头人除了招待回乡送红的人吃饭，还有一个回礼的环节，通常是按2比8的比例回礼，如送一百个包子，负责的头人就要回20个包子；现在流行送烟，亲戚送一条烟，头人就要回两包，红布、酒、鞭炮之类是不需要回礼的。

六、龙舟赛文化

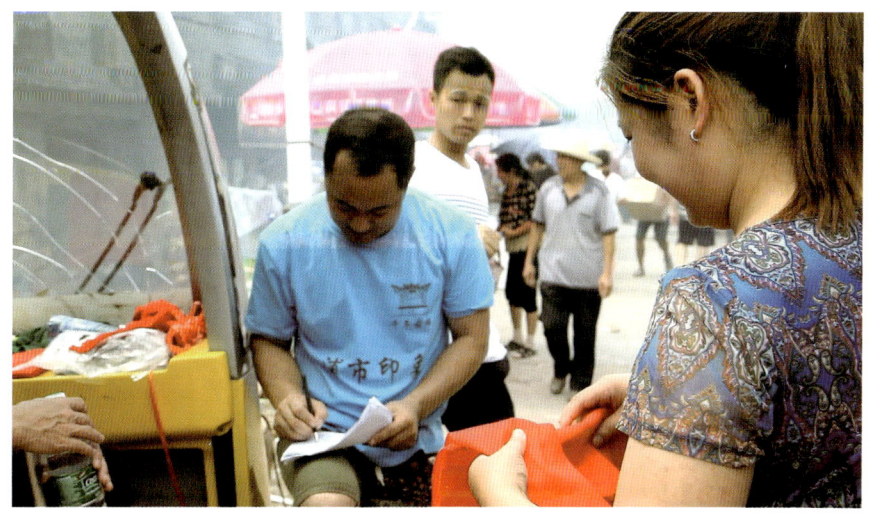

送红

回礼

105

2. 其他送红

除子女送红之外，很多村寨的头人，因为在外打拼，人际交往广泛，很多朋友会主动送一些礼，一般都是直接出资支持。同颜色旗阵营的村民也会给同色旗的其他龙舟放鞭炮，送红。同色旗的兄弟船之间也会互送香烟，同样也是要回礼的。

（六）龙舟哲学

龙舟节开始后的第二天，赶上大雨，所有龙舟休息一天，我们趁此机会在银井冲头人引领下，来到了浦市青草村胡家湾，找到了他口中的第一艄公胡万顺，老艄公今年七十岁了，十来岁就开始扒龙舟。年轻时阅读过相关书籍（已遗失），加上他做艄公有近六十年，积累的丰富掌艄经验，他告诉我们水有水性、船有船性、人有人性，要成为一名好艄公就要做到三性合一，达到了水性、船性与人性合一的境界。这一说法让我们耳目一新。这是他结合所学知识与实战经验提出的。如果现在他身体允许，掌起艄来便胜似闲庭信步，这也是他被当地人评价为第一艄公的缘由吧！俗话说，知己知彼方能百战不殆。何为水性？何为船性？何为人性？三者又如何合一？

首先，对水流和船有所了解是艄公最基本的知识，浦市龙舟要征服的是奔腾湍急的沅水，据老艄公介绍，龙舟赛区域水流是非常复杂的，并不是都是顺流而下的流向，江面上有回水、静水、激流水（即黑水），浦市段沅水挖沙泛滥，留下了许多深坑、沙堆，造成了许多漩涡与障碍物。如此看来，横

六、龙舟赛文化

青草村胡家湾老艄公胡万顺

渡河面不仅是对水流向下游冲击的挑战，而是对众多未知的挑战。在河边长大的人，对水流的状况或多或少已经有一些了解了，加之在河面掌艄的时间久了，可以说对沅水水性知根知底了，即使没有准确的衡量，也早已在头脑中形成概念了，这是劳动人民的结晶，由经验指导对他们来说更胜于具体数字。他们知道在哪一水域该如何去调整木艄，在江面如何游刃有余的处理突发情况。艄公以杠杆的原理来调动一条船的方向，在头脑中就一定要对龙船进行一个概念上度量，关于其长度、重量，凭借这些调整艄的角度与使用的力度。偏差一旦过大，要么方向改变，撞上其他船，要么被水流打翻，推出数百米。优秀的艄公又与其性格息息相关，冷静的心态，善于观察、分析，良好的性格特征决定着能否成为一名优秀的艄公，也决定着这只龙船能扒多远。以上可以说是对一名艄公的基本要求，也是艄公入门的技能，并不是说

拥有了这些基本要求就能成为优秀艄公，即便只是这些，难度也很大，现在的老一代的艄公已经有近二十年没有上过船了，不说技艺荒废了多少，但是体力已经跟不上了，如胡万顺、姚祖亮，两位被村民高度评价的老艄公如今是心有余而力不足了。新一代的艄公缺乏实战经验，2015年这次盛大的复兴龙舟节，就暴露了这一问题，翻船、撞船、撞沙堆时有发生。这是一个青黄不接的时期，老一代能做的只有在岸边用几十年的经验指导与训练新一代。一名优秀艄公站在船尾，是那么的信心满满、轻松惬意。许多村寨没有艄公，头人花费大价钱从外面请来艄公，它给龙船带来的不仅是技术，还给头人和所有船员带来了自信与心安。一个优秀艄公同样能够带动整条船的气氛，看上去是那么的不可阻挡、无坚不摧。到达三性合一的艄公，早已把一切烂熟于心，在狂暴的沅水水上犹如神人一般泰然自若、神态怡然，以柔克刚，彻底征服了这汹涌的江水。用语言表达这一境界的是胡万顺老艄公，但我相信在曾经的实战中，老一代的艄公有很多已经完美的做到了三性合一。

七、文化贡献：泳装的发明、人体审美

（一）泳装的发明

1. 天体赛龙舟及谭子兴发明的第一代泳装

北宋末南宋初，谭子兴身为浦市最高长官，爱民如子。面对年年龙舟赛出现的惨剧，他也颇为发愁。他自己身为浦市最高长官，领兵打仗，除去一身武艺，还兼极有智谋。他是一个善于研究、善于发现的领导人。为了改变龙舟赛年年淹死人的惨剧不再发生，他带领手下人反复进行龙舟侧翻实验。最后发现，龙舟侧翻时，掉入水中的划手们在自救的过程中，遇到最大的阻力原本不是水。因为这些划手们都是水鸭子，他们不怕水，这一节水面也没有暗流。关键是因为身上的衣裤。掉入水中时，因为前面划船的剧烈运动，体能早已透支，再加上身上衣裤产生的巨大阻力，划手们相较平日，自救能力已经降到临界点。如果此时能够甩掉身上的长衣长裤，这些水鸭子们基本上能够从激流中脱险而出。但是，身在巨大激流中的人，哪有机会甩掉身上的衣裤呢？没有机会！怎么办？唯一的办法是，如果掉入水中的划手们原本身上都不穿衣裤，那么在掉入水中时，也就不再受到衣裤在水中产生的强大

阻力的威胁！所以，为保证参加龙舟竞渡的划手们的生命安全，必须脱去划手们身上的长衣长裤。

　　作为这一带溪洞正将（土司王）的谭子兴，既然想得到这一点，他也就有能力实现这一点。因为他这个溪洞正将（土司王）具有制定法律法规的权力，不是由朝廷派来的普通流官。他下令，凡是来浦市参加龙舟赛的所有舵手、锣手、鼓手、划手、花旗手，都脱去身上的长衣长裤，只在肚脐以下围一块短布，遮住私处即可。能够想到用一块短布遮住私处参加龙舟赛，已经表明了他们所具有的超强大想象力。这块围在龙舟划手们肚脐下的短布，是中国文化史上的一件伟大的发明，因为它标志着中国第一代泳装诞生了。这块短布尽管短，它的属性已经不是一块普通的布，而是一件标志着新文明的衣服。用我们今天的话来讲，就是泳装。不过是浦市人龙舟赛专用泳装罢了。

　　穿着这种由一块短布构成的泳装参加龙舟竞渡，当然很让人难堪。因为在扒龙船的过程中，那块短布哪里能够遮住私处？龙舟划手们的那个生殖器还是要时不时地露出来。特别在船头表演的花旗手，穿上这件泳装参加龙舟竞渡，让人十分尴尬。但是，一来这是保护划手们的生命安全，二来这是最高长官谭子兴下的命令，在他的地盘上，他的命令就是王法，谁敢违抗？从此，穿上由一块短布构成的泳装参加龙舟竞渡，就成为浦市龙舟赛的一个民俗。自从兴起这一项民俗之后，每年发生龙舟侧翻事故时，淹死划手的现象就大大减少了。这些赤身裸体的水鸭子们，基本上能够在掉入水中之际，实施自救，尽力浮出水面，等待其他龙舟上的划手们前来搭救。因为能够最大地降低灾难，这项表面看起来十分粗野的习俗也就为当地人所接受所爱戴，

七、文化贡献：泳装的发明、人体审美

观龙舟的人们

具有长盛不衰的生命力。从宋代到明朝的数百年中（甚至到清代），浦市人扒龙船时，划手们都是穿着这款泳装、在天体（裸体半裸体）状态下进行的。我们不妨将这种龙舟赛称为天体龙舟赛。

穿着专用泳装半遮体进行龙舟竞渡的习俗在浦市有着悠久的传统。这个习俗也许是自宋代谭氏长官开始推行，也许是发源于更早的历史时代。总之，这项习俗得到浦市最高长官的认可与肯定，人们也就乐意将这项民俗与谭氏

长官联系在一起。这也就成为谭子兴的一项专利。今天,龙舟赛上得胜一方脱短裤庆贺的仪式,即是对早期天体龙舟的纪念。

然而,处于沅水流域主干道上的浦市,虽属于具有蛮夷性质的"新堡寨"辖地,但是其文明早已经与外界处于同一水平。当地的人们、无论外来汉族还是土著民族,在伦理观念与生活方式上正努力追赶中原汉人,儒家文化是当地人最为崇奉的神圣文化。正像今天的中国,无论人们怎么自信,还是无法建立以自身的文化为标准的自信,在生活方式及其他很多领域,人们总有意无意地要以美国欧洲为标准。比如我们介绍某项非物质文化遗产保护项目的重要性时,总会加上一句话,"在欧洲演出获得很高评价"。好像本地人(甚至本国人)的评价没有效力一样。宋代的文化激荡,也给浦市人带来困惑。儒家文明讲究男女有别,生殖器是最为神秘的器官,绝对不能外露示人。对女人来说,不仅仅是自身的生殖器是绝对不能外露,而且还不能看到男人的生殖器。龙舟赛,在大众广庭之下进行,划手们虽然围了一块短布,但剧烈运动之际,那个私处总是要露出来。这对那些女看客来说,总是不太文雅吧。怎么办?谭子兴因此有了对龙舟赛的进一步改革。

2. 私开黄河与谭子兴发明的第二代泳装

论起来,宋代的浦市,谭家绝对是当地最大的贵族,代表着当时浦市一带文化的发展方向。正是这一个原因,给谭家带来比普通家庭更大的文化难题。为了保护龙舟上划手们的生命安全,龙舟竞渡必须穿着新泳装、近乎裸体参赛。但是新兴的伦理观念,又必须严格防止男女之间裸体展示。这就成

七、文化贡献：泳装的发明、人体审美

为一个二律背反的难题。怎么办？特别是谭家，身为当地最大的官宦人家，倡导新文化是他们义不容辞的责任。哪能让女家眷们公开前往浦市河岸上看龙舟，看那些身强力壮的小伙子们的胴体、特别是还可能看到那些个私处呢？但是，一年一度的龙舟竞渡是浦市人最为热闹的节日，最能让人激动的节日。又哪能禁止女家眷们前往观看呢？再说了，如果这个节日没有女人参与，这个节日又还有多大意义呢？

这就是谭子兴下令龙舟划手们必须穿着新泳装参赛之后，自己给自己带来的一系列难题。为了达到既不禁止女眷看龙舟赛，又保护龙舟划手的生命安全。谭子兴命令自己家的女眷，一律站在千户城后面山半腰一块大石头上远远地看龙舟竞渡。从此这块石头被命名为"看雪（船）岩"（浦市人将"船"读成"雪"），它至今还静静地屹立在生宝村后山上。从看雪岩到浦市河中间，至少有4700米距离。从这么远的距离看龙舟，有一个好处，即能隐隐约约看到龙舟竞渡时划手们奋勇划桨的激动人心场面，又看不清他们赤裸身上的那个生殖器。真是煞费苦心啊！

从此，千户城里的女眷们每年就在看雪岩上看龙舟，自也其乐融融。不知道这样看龙舟到底过了多少年，也许是十年、也许是二十年，千户城里的女眷们对有如雾里看花般的看龙舟，感觉极为不舒服。于是私底下有了怨言：人家的女眷为啥年年都可以去浦市河岸上近距离看龙舟，我们为啥不能啊？言下之意，别人家的男人都不在乎自家女眷看到别人的那东西，让家属们去看龙舟，为啥我们千户家的女眷就不行啊？近距离看龙舟成为千户城里女眷们的强烈愿望。千户城里的谭子兴是极有性情的男人，他爱龙舟不亚于任何

113

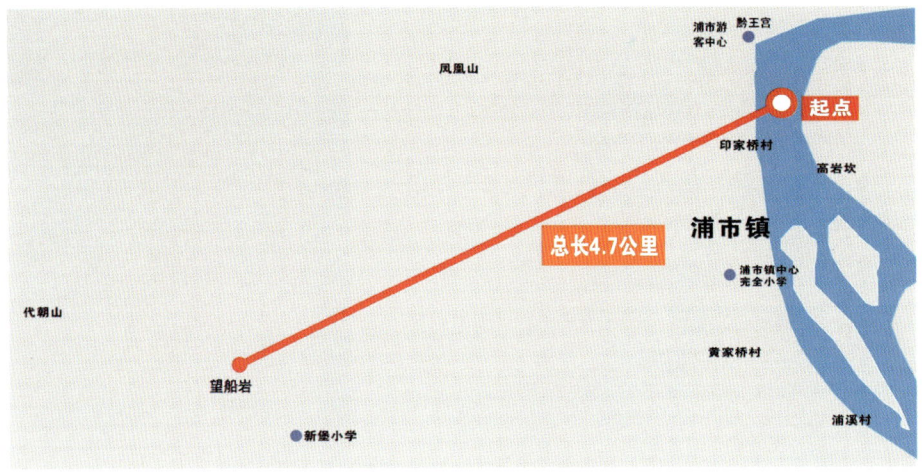

看船岩到浦市大码头的距离约 4.7 千米

其他人。因此,他不得不另想办法。这一想,就又发明了第二代泳装、具有现代文明水准的泳裤被发明出来了。这是一条什么样的泳装呢?

天体龙舟已经成为浦市人喜闻乐见的习俗,不可轻易改变。谭家女眷不看裸体龙舟也已经成为成规,也不能改变。改进的办法就只有一条,在千户城里修一条河,自家扒龙船供自家女眷们观看。

谭子兴于是带领大小子孙,在生宝千户城里开挖出一条 300 余米长,20 余米宽的水库,这条水库现在还剩下 100 米左右的遗址。这就是现在浦市尽人皆知的"谭千户私开黄河"传说故事的来源。谭子兴率领大小子孙在这条"黄河"里搞龙舟竞渡,专供自家女眷们观赏。因为龙舟上的划手们穿着由短布构成的泳装裸体参与竞渡已经无法改变,谭千户也无意于彻底改变这个传

七、文化贡献：泳装的发明、人体审美

统习俗。为了文明起见，他规定所有龙舟划手必须穿一条裤子参赛。为了保持与浦市龙舟赛的习俗一致，每个划手必须将自己身上的裤子裤脚剪去，只留下短短一节裤腿将私处严密遮住即可。穿着这个服装，既符合浦市传统龙舟竞渡的裸体要求，又能满足女家眷们文明看龙舟的强烈愿望，同时还足以维系文明、促进龙舟竞渡与新伦理相符合。这真是一举多得的大好事情。从此，参赛的龙舟划手，都穿上那条剪去腿子的裤子参赛。中国历史上第二代泳裤终于诞生了！

龙船田遗址

（二）人体审美

就如同我们在健美节目中看到的那样，给人印象最深刻的就是选手黝黑光亮的皮肤、健硕的肌肉与柔顺的线条。而流畅的线条，坚强的骨骼，丰满的躯体，弹性的肌肉，健康的肤色，也恰恰就是健美标准中不可缺少的条件。浦市人扒龙舟，自古以来都是赤裸上身，下身则穿一短裤，划手一般是村中的青壮年，从事农业活动，因此身体健壮，皮肤也晒的黝黑了，他们在扒槽

龙舟划手们赤裸上身，露出黝黑健硕的身体

的过程中就彻底的展现出了这些特征,完美诠释着男性的阳刚美!看来浦市人才是健美活动的先驱者!值得可敬佩,同时也是最令人不解的是,在儒家文化成为当时王朝的主流价值的时候,主张伦理纲常的儒家规范是不会主张男女赤身裸体的,这也是会遭到非议与谴责的!浦市何以能置身事外,敢于在公共活动中裸露身体,并成为当地人气最高的一种节日?!就算放到如今,也会惹来争议不断。不论是从现在还是从当时来看,浦市都犹如生长在整齐化一的植物中的一株奇葩,而这株奇葩展现出来的东西,正是那个时代的人们渴望见到的,但又被压抑束缚而不能见的!因此浦市的龙舟不仅限于胜负与荣誉,其表现的形体美与文明美是深层次的,却又是常被忽视的。

(三)女性身体想象

浦市历史上存在过女子半裸体龙舟赛。关于这一点,估计是最让浦市人纠结的一个问题。在龙舟诞生之初,本地居民主要是武陵蛮与巴人,他们有着与汉文化圈不一样的文化,极少受到儒家伦理道德的束缚。浦市人追求着最原始的美,对于女性身体美的欣赏透露着他们最纯真的本质,那是最简单的也是最真实的思想。但是随着五溪地区正式纳入到国家版图,儒家文化也不断输入到这一地区,在儒家伦理的衡量下,裸体龙舟赛是无法被接受的,更何况是裸露女性身体。在异文化侵入并试图占领主导地位时,必然引起受过原文化的人们的激烈反抗,甚至爆发流血冲突。

从历史遗留下的情况来看,作为异文化的儒家伦理似乎是胜利了,主导了这一地区的伦理道德。女子半裸体或裸体龙舟赛从此消失了。只留下裸体龙舟女神的故事。但是，浦市人却通过龙舟女神这个故事与祭祀仪式，将古代女子裸体龙舟保留下来，从而在龙舟赛中为少女身体的审美想象赢得了一个领地。

每到龙舟节期间，浦溪龙船就要通过放黄烟祭祀曾氏大姑娘与二姑娘。那条在龙船尾巴上拉出的一条长长的黄烟，给整个龙舟节带来一个兴奋点。男人女人都在讨论，为什么要放黄烟。人们会为此争论不休。强调儒家伦理的人说，放黄烟是为了"遮羞"。说，浦溪人为了不让别人看到曾氏姐妹的裸体，才放黄烟将来挡住人们的视线。而另一些人说，那是为了纪念曾氏姐妹，因为她们在扒赢龙船之后，化成一缕黄烟就不见了，成为神仙飞上天了。无论怎样说法，其实焦点就一个：少女的裸体问题。表面上来看，是为了遮羞或者升天。黄烟背后的故事则是，这缕黄烟，激发了人们对少女酮体的想象。这缕令当地人纠结了几百年上千年的黄烟，其实正好反映了浦市龙舟赛中间、对人体审美的一种孜孜追求！

后　记

《浦市龙舟赛》终于定稿付印了。表面看来，这本书无论篇幅还是题材，都是一本很小的书。但是，这本书在我的写作经历中，却是付出很多的一本书。原因是浦市龙舟不是一个小题材，而是一个大题材。大题材有两方面的含义。一是浦市龙舟是浦市文化的典型代表，也可以看成是中国传统商业伦理的最高境界之一，对浦市文化的意义远远超出其它文化事项。二是浦市龙舟场面壮观、涉及的内容、人事、仪式、地域都十分广泛，非普通的文化体育赛事可比。从研究浦市龙舟、到组织课题组、再到将这本龙舟志写作出来，我们花了一年多时间。2014年开始，我们就开始研究浦市龙舟。但有关浦市龙舟的文献记载不多，多留存在浦市人的生活中，而且传统龙舟赛是一个季节性十分强的活动，一年一次，到端午节前后，才会举行。因此我们进行田野的时间很长，却必须等到真正参与龙舟赛之后，才能真正观察它、才能开始完整的田野。加上当前的打工潮，龙舟赛结束之后，绝大部分龙舟队员又返回沿海一带的务工地去了，给我们的赛后访谈带来了巨大的困难。我们课题组十余位同志，为了准确记录浦市龙舟赛，利用寒暑假深入浦市文化圈所在的很多村庄，寻找各种龙舟角色进行访谈。克服炎热和寒冷这些困难都不

说了，这些是民族学与人类学田野中的家常便饭。克服语言更别提了。学习当地人的语言，本来就是学科必修课。关键是我们的课题组很多年轻学者都是第一次学习民族志写作，因此在短期内如何完成资料收集，是一大难题。在写作过程中，出现多次反复，大家不得不一而再、再而三的重返浦市田野，去核实资料、完善资料。我们就这样在长沙至浦市之间来回奔波了半年多时间。年轻学者们这种克服困难、尊重事实、追求科学的精神，着实让人感动。

课题组的分工如下：谭必友、洪文雄二人负责制定龙舟赛田野调查与写作方案。全体成员参与了田野调查与访谈。谭必友撰写本书"概述"和"龙舟队"，刘放撰写"龙舟队员的构成、选拔与训练"，张学琦撰写"祭祀仪式"，李嘉豪撰写"挑战极限的竞渡"，何强撰写"龙舟赛文化"，李博贤、梁梦娇、侯孝进负责摄影。谭必友与洪文雄负责全书的统稿。这是一本完全意义的集体成果，体现了大家的智慧与劳动，是全体课题成员团结协作的学术成果。

在本书的写作过程中，还要感谢那些为我们提供材料与帮助的朋友。浦市印象老板邓光清先生、为我们在浦市拍摄龙舟节影像时提供了很多免费午餐晚餐，还在他的餐馆附近河边目睹了一场新龙舟下水仪式。长沙锐动健康营养生活馆体重管理教练、营养师李芳梅为浦市龙舟赛义务担任第一届龙舟女神，为浦市龙舟代言。泸溪县文联副主席姚传山先生、电视台退休干部覃仁岗先生、邮政局谭永国先生、湘西红山集团董事长谭永峰先生等为龙舟赛拍摄做了大量协助工作。浦市鑫龙宾馆、浦市金鹏宾馆，都在我们开展田野调查期间，为我们提供了优质服务。

特别要感谢泸溪县委县政府各级领导。县长向恒林亲自接待了我们课题

后 记

组成员，给我们提供后盾。县委常委、宣传部部长向鸿雁为我们在浦市龙舟赛拍摄影像提供了大量道具及物资保障。尚远道副县长几乎全程领导了我们的田野调查工作，他兢兢业业的工作态度与领导方法，让大家深受感动。浦市古镇管理委员会主任谢伯清、泸溪县教育体育局局长谭子好、科技局白开富、周芳俊等年轻的朋友都为这本书的田野调查与出版，付出了辛勤的汗水。向上面这些领导朋友们表示敬意！

谭必友

2016 年 3 月 24 日于湖南师范大学熠园